Hubertus Scheurer
Die frivolen Geschichten mit König Alfred und seinem Hanswurst

Hubertus Scheurer

Die frivolen Geschichten mit König Alfred und seinem Hanswurst

Bibliografische   Deutschen Bibliothek
Die Deutsche Bibliothek verzeichnet diese Publikation
in der Deutschen Nationalbibliografie;
detaillierte bibliografische Daten sind im Internet über
http://dnb.ddb.de abrufbar.

Bibliographic information published by
Die Deutsche Bibliothek
Die Deutsche Bibliothek lists this publication in the
Deutsche Nationalbibliografie;
detailed bibliographic data
are available in the Internet at http://dnb.ddb.de.

Hubertus Scheurer – Die frivolen Geschichten mit König Alfred und seinem Hanswurst
ISBN 3-86516-334-3
© Copyright 2005. Alle Rechte beim Autor.
Printed in Germany 2005

Herstellung:

Mein Buch

Wir veröffentlichen Ihr Buch

Elbdock, Hermann-Blohm-Straße 3
20457 Hamburg
Freecall 0800-6 34 62 82
www.MeinBu.ch

Inhaltsverzeichnis

Vorwort 9
König Alfreds Laus 11
König Alfreds Hausverbot 13
Das Komplott 15
König Alfreds Advokaten 17
Der Pervertierungsadvokat 18
Böse Geister im Hotel 19
Der Popoismus 20
Lord Kack 21
Die Kacklaterne 22
Der Teufel in der Kirche 23
König Alfred ganz in Leder 24
Hanswurst beim Duschen 25
Hanswurst darf nicht duschen 27
Die Silvesterparty 28
König Alfreds Blähungen 29
Hanswurst hat nichs unterm Rock 30
Das Pfänderspiel 31
Alfreds Rekord 32
Das verschwundene Arschloch 33
König Alfreds Einstellungskriterien 35
Der Leistungswettbewerb 36
Hanswurst und die Liebe 38
Alfred geht nicht auf den Strich 40
Alfreds Stil 41
Kunigunde und König Alfred 42
Ein Schelm 43
Hanswurst und die Biene 44

Wetten, dass? 46

Die verlorne Richtung 48

Hanswursts Bock auf kurzen Rock 49

Karussell im Bordell 51

Der Hüpfer 53

Die scharfen Hosen 54

Von der Wanze gebissen 56

Die Osmose in der Hose 57

Hanswurst hat den Floh im Po 58

Alfreds Schwester Egonita 59

Hanswurst soll die Heide sehen 60

Alfred bleib in Deiner Hose 62

Die Lärmschluckdose 63

Hanswurst schließ den Hosenstall! 64

Hanswurst ohne Unterhose 65

Hanswurst und das Fliegen 66

Du dickes Ei 67

Hokuspokus auf dem Lokus 68

Der röhrende Hirsch 70

Hanswurst sticht in Alfreds Po 71

Hanswurst muß geholfen werden 73

Urlaub auf Sylt 75

Vom Schnurz zum Furz 77

Der verlorene Furz 78

Der alte Jäger 79

Der Donnerbalken 81

Der gefallene Hanswurst 83

Tabakdose in der Hose 84

Der Furunkelalfred 85

Flotter Dreier mit Frau Meier 86

Die Donnerhose 88

Das Tattoo 89

Old Kack 90

Das Arschgeweih 91

Der Hahnentritt 92
Die Krankenhausromanze 94
Der Samenspender 96
König Alfreds Revier 97
Die Friseuse macht ihn böse 98
Die Lecknase 99
Schweinepriester auf dem Mars 100
Der Kackverein 101
Der Drachentöter 102
Die Kack-Maschine 103
Hier werden Sie geholfen 104
Kackwurst gefällig? 105
Der kalte Hintern 106
Das neue Kackhaus 107
Der Hecht 108
Die Wasserleiche 109
Tanz in den Mai 111
Im Gleichschritt marsch! 112
Die Selbsterkenntnis 113
Röhrchenblasen 114
Der Saunakönig 115
Die Kostentheorie 116
Des Königs neue Hose 117
Der hinterhältige Hanswurst 118
Der große Geiger 119
Das Neujahrskonzert 120
Wok für Bock 121
Pop-art 122
Der Obermacker 123
Lied fürs Glied 124
König Alfreds Saumagen 125
König Alfred bei den Affen 127
Waldi ist tabu 128
Der frivole Hanswurst 129

Das große Schnüffeln 130
Der Samenklau 131
Der heilige Kack 132
Das Kochbuch 133
Kack Du hast die Ehr' gestohlen 134
Oben ohne, unten ohne 135
Alfred Kack will seinen Pimmel 136

Vorwort

In meinem ersten Buch »Erlebnisse im Hotel mit König Alfred und seinem Hanswurst« habe ich ausführlich dargestellt, was mir dort widerfahren ist und weshalb ich den Entschluß faßte, darüber zu schreiben.

Die absurden Beschuldigungen meiner Person durch den König Alfred wurden meines Erachtens, für jeden Leser nachvollziehbar, eindeutig widerlegt.

Ich habe mich gegen die bösartigen Verleumdungen durch diesen »König« mit all meiner Macht zur Wehr gesetzt und zwar mit meinen Gedichten, die mittlerweile in vier Bänden erschienen sind.

Wenn ein König seinen langjährigen Gast mit derartig abartigen Beschuldigungen bedenkt wie es in meinem Fall geschehen ist, in den Gedichten am Anfang dieses Buches gebe ich einen Hinweis darauf, scheint es mit seiner Anständigkeit nicht weit her zu sein.

Deshalb hatte ich kein Problem damit, einige ein wenig frivole Geschichten über den König Alfred und seinen Hanswurst in meine Bücher mit aufzunehmen.
Es hat sich gezeigt, daß gerade diese Geschichten zur Erheiterung beitrugen.

Deshalb habe ich mich entschlossen, sie in diesem Buch zusammenzufassen in der Hoffnung, daß sie in geeigneter Runde ebenfalls für eine vergnügliche Stimmung sorgen könnten.

KÖNIG ALFREDS LAUS

König Alfreds Laus

König Alfred vom Hotel,
Hatte eine Laus im Fell,
In der Form von einem Gaste,
Der ihm plötzlich nicht mehr passte.

Doch sein Hanswurst war parat,
Wieder mal mit gutem Rat:
Diesen Gast muss man entfernen
Aus dem Haus mit den fünf Sternen;

Wusst natürlich auch gleich wie,
Ja, man kannte sein Genie,
Im Erdenken von Geschichten,
Gästen Böses anzudichten.

Was er diesmal nun erfand,
Schien aufs höchste interessant;
Dieser Gast, er sollte staunen,
Ging mit Damen in die Saunen.

Soweit war das üblich dort,
Und so fuhr der Hanswurst fort:
Hatten sie genug vom Schwitzen,
Würd der Gast im Laufschritt flitzen,

Hinter all den Damen her,
Zu den Duschen, das wog schwer;
Doch was würde jetzt wohl kommen?
Alfred grauste es den Frommen,

Und der König rief im Glück,
Hanswurst, welch ein Meisterstück!
Würd er sie mit Wasser spritzen,
Voll Entzücken nach dem Schwitzen?

Wollt er sich vielleicht erfreun
Ihrer Schönheit, sollt's ihn reun;
Wollt er ihren Rücken seifen?
Sollt man aus dem Haus ihn schleifen;

Alfred war ganz außer sich,
Liebster Hanswurst, mach schon, sprich!
Ließ der nun den König wissen,
Etwas unrein im Gewissen,

Er hätt das Gespräch gesucht,
Schrie der König, oh verflucht!
Hat er es denn auch gefunden?
Wollte Hanswurst nicht bekunden;

Drauf der König Alfred sprach:
Hanswurst lass uns denken nach;
Überleg, welch krumme Sachen
Könnt die Laus denn sonst noch machen?

Hanswurst dachte an den Spaß,
Wenn der König morgens aß;
Einen Teller voll mit Trüffeln,
Die die Schweine gern erschnüffeln;

Sogleich fiel dem Hanswurst ein,
Dieser Gast der wär ein Schwein;
Würd an Schmutzhandtüchern schnüffeln,
Wie die Schweine bei den Trüffeln.

Dies gefiel dem König sehr,
Und er sagte tränenschwer:
Oh Hanswurst, ich muss Dich loben,
Stehst in meinem Reich ganz oben,

Was Du jetzt Dir ausgedacht,
Mir im Herzen Freude macht;
Wenn wir das zum Besten geben,
Wird die Laus nicht überleben!

KÖNIG ALFREDS HAUSVERBOT

König Alfreds Hausverbot

König Alfreds Advokat
Faszinierend in der Tat,
Trug er vor bei dem Gerichte,
Geistreich folgende Geschichte:

Für den Gast das Hausverbot
Wurd erteilt in größter Not;
Innerhalb von vierzehn Tagen,
Änderte sich sein Betragen.

Fast zehn Jahre konnte er,
Doch dann konnte er nicht mehr,
Von den vielen Damen lassen,
Wirklich, es ist kaum zu fassen.

Dies scheint der Betrachtung wert,
Es ist meistens umgekehrt:
Kann's der Mann zuerst nicht lassen,
Muss er dann im Alter passen.

Fast zehn Jahre konnte er,
Doch dann fiel es ihm zu schwer,
Schmutzhandtüchern widerstehen,
Dann war es um ihn geschehen.

Er stand fest in ihrem Bann,
Und so fing das Übel an:
Er musst schnüffeln und sich reiben,
Um die Zeit sich zu vertreiben.

Fast zehn Jahre ging das gut,
Doch dann dieser Übermut;
Musste man darauf verweisen,
Nicht dermaßen zu entgleisen.

Vierzehn Tage stets aufs Neu,
Doch der Gast er blieb sich treu;
Konnte oder wollte eben
Diese Reize nicht aufgeben.

Soweit Alfreds Advokat,
Unvergleichlich sein Format;
Fällt es jemand schwer zu wählen,
Kann ich wärmstens ihn empfehlen.

Das Komplott

Das Komplott

König Alfred in der Balje,
Wollte schmieden ein Komplott,
Und sein Hanswurst die Kanaille,
Saß daneben auf dem Pott.

Bei der Morgenfrühtoilette
Sprudelten so die Ideen,
Nein, es warn nicht immer nette,
Was kam heute, wolln mal sehn.

Hanswurst, sprach der König leise,
Ich denk eben an den Gast,
Dem Du in besondrer Weise
Einen Tritt gegeben hast.

Doch Du weißt, der Kerl ist eigen,
Könnt uns noch von Übel sein,
Wie bringt man den nur zum Schweigen,
Mir fällt dazu etwas ein.

Wie ich hört, ist er am Schreiben,
Über mich so manchen Vers,
Es gilt, ihm das auszutreiben,
Er ist wirklich höchst pervers.

Ja, so müssen wir das machen,
Wir satteln noch oben drauf,
Ein paar recht perverse Sachen,
Dann gibt er bestimmt schnell auf.

Und so haben unsre beiden
Sich noch manches ausgedacht,
Um sich dann daran zu weiden,
Haben sich halbtot gelacht.

 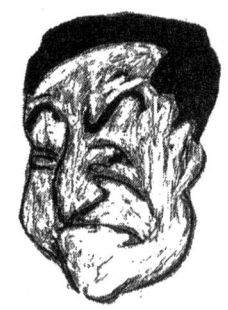

König Alfreds Advokaten

König Alfreds Rechtsvertreter
Zeichnet aus ein Intellekt,
Den man früher oder später,
Wohl ganz selten noch entdeckt.

Seinen Gast, den Unbequemen,
Dachten sie, den kriegt man klein,
Muss ihn nur so recht beschämen,
Folgendes fiel ihnen ein:

Schmutzhandtücher einverleiben,
Würd sich täglich dieser Gast,
Um sich damit abzureiben,
Daran schnüffeln, wenn's ihm passt.

Appetitlich muss ich sagen,
Wär dies ja nun wirklich nicht,
Da im Schriftsatz vorgetragen,
Klärt dies besser das Gericht.

Hier nun können wir erleben,
Wie die Advokaten dreist,
Richtern ihre Weisung geben,
Wahrlich wundervoll im Geist.

Sollt als Lüge sich erweisen,
Was man so schön ausgedacht,
Wär es trotzdem ein Entgleisen,
Wenn der Gast jetzt Stimmung macht.

Denn das könnt dem König schaden,
Seinem renommierten Haus,
Auch sein guter Ruf ging baden,
Und die Gäste blieben aus.

Ja, das Schnüffeln recht betrachtet,
Tut doch jeder liebe Hund,
König Alfred wird geachtet,
Kritisches wär ungesund.

Öffentlich die Wahrheit künden,
Ist zu ahnden mit Verbot,
Keiner weiß, wo wir sonst stünden,
Käm die Wirtschaft aus dem Lot.

Wird der König sich verheben?
Siegt das Recht in diesem Fall,
Könnt man ihm den Titel geben:
Majestät vom Schweinestall.

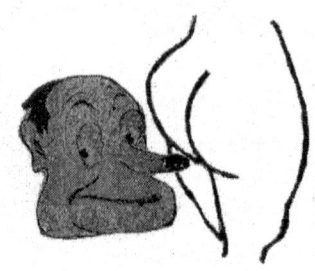

Der Pervertierungsadvokat

Heute geht es ums Perverse,
Wieder eine Kontroverse,
Liegt mir lang schon auf dem Magen,
Sagte man mir, nicht verzagen,

Musst Du Anwalt Schnurz befragen,
Der will Dich doch noch verklagen,
Wird nach all den schweren Tagen,
Dir bestimmt die Wahrheit sagen.

Der weiß in perversen Fragen,
Geistvoll etwas vorzutragen;
Meisterlich im pervertieren,
Dürft er sich bestimmt nicht zieren.

Spielt er dann mit offnen Karten,
Zeigt er Dir schon die Abarten,
Die er bei Dir vorgefunden,
Nach diversen Überstunden;

Ist es sicher sein Bestreben,
Einen Vormund Dir zu geben;
Damit bist Du gut gefahren,
Damals in den Jugendjahren.

Nun, da kann ich wirklich hoffen,
Dass er endlich hat getroffen,
Die Entscheidung um zu klagen,
Soll er doch ein Tänzchen wagen!

Böse Geister im Hotel

Böse Geister im Hotel

Ins Hotel wurd ich gebeten,
In des König Alfreds Haus,
Hab es ganz normal betreten,
Als Perverser ging ich raus.

Konnt es selber nicht verstehen,
Niemals kam mir in den Sinn,
Daß ich, was war nur geschehen,
So verwandlungsfähig bin.

Zogen wohl geheime Kräfte
Mich als Gast in ihren Bann,
Warn es präparierte Säfte,
Die man listig bot mir an?

König Alfred war gerissen,
Wich den Fragen aus, blieb stumm,
Und auch wider bessres Wissen
Stellte er sich einfach dumm.

So muß ich die Gäste warnen
Vor den Geistern im Hotel,
Wie sie ihre Bosheit tarnen,
Handeln hinterrücks und schnell.

Läßt der König sie gewähren,
Ungehemmt in seinem Haus,
Werden sie sich stetig mehren,
Und die Gäste bleiben aus.

Der Popoismus

Der Popoismus

Alfred meint, es wär abstrakt,
Wenn man auf die Leinwand kackt;
Er würd sich da gut auskennen
Und es Popoismus nennen.

Er hat das selbst ausprobiert,
Schöne Bilder produziert,
Und was er sich abgerungen,
Sei vortrefflich ihm gelungen.

Fleißig ist er nun dabei,
Schafft die Kunst nach letztem Schrei,

Und er träumt von Ruhm und Ehre,
Weil er ja der Erste wäre,

Der sich diese Kunst erdacht
Und sie populär gemacht;
Bald werden die Bilder stehen,
Überall in den Museen,

Selbst die Fachwelt ist erregt,
Alfred hat die Kunst bewegt,
Und es heißt, dies Werk schuf wacker,
Einer unsrer größten Kacker.

Lord Kack

Lord Kack

Englands große Königin
Ist gewohnt, Bürger zu adeln;
Sicher macht das meistens Sinn,
Manchmal wär's vielleicht zu tadeln.

Jedenfalls sprach Hanswurst aus,
Was Herrn Mock lag auf dem Magen;
Er, ja auch das ganze Haus,
Könnt den Titel gut vertragen.

Ihm, dem größten Popoist,
Sollte sie die Huld erweisen,
Damit man ihn nicht vergißt,
Mußt Hanswurst nach England reisen.

Im Gepäck ein großes Bild
Wurd empfangen er am Hofe.
Ihre Hoheit schaute mild,
Doch es lachte laut die Zofe.

Hanswurst sprach: Dank seiner Kunst
Sollten Sie Herrn Alfred ehren,
Ihm als Zeichen Ihrer Gunst
Einen Titel nicht verwehren.

Ihre Hoheit sich besann,
Konnte nicht sehr viel erkennen,
Und verkündete sodann:
Er darf sich Lord Kack jetzt nennen!

Die Kacklaterne

Alfred gäb ich keine Sterne,
Richtig wär die Kack-Laterne,
Damit alle Leute wissen,
Hier wird man leicht angeschissen.

Und die Sterne, sie erblassen,
Kann man sich nicht drauf verlassen,
Daß, weil Gutes ihnen eigen,
Sie den rechten Weg anzeigen.

Grad ein Richter mit Gewissen
Sollte deshalb nicht beflissen
Diesem sich entgegenstellen
Und ein falsches Urteil fällen,

Denn er öffnet sonst die Türen,
Die hin zum Verderben führen;
Sollte nach der Wahrheit streben,
Damit sich die Ehre geben,

Nicht vorm Mammon sich verbeugen,
Untertänigkeit bezeugen,
Sondern ab und zu auch gerne
Zeigen mal die Kacklaterne.

Der Teufel in der Kirche

Der Teufel in der Kirche

Pfarrer Schwarzhaupt war betreten,
Weil der König grad beim Beten
Richtig einen fliegen ließ,
Oh wahrhaftig, das war fies.

So was vor dem Abendmahle,
Roch es streng im Kirchensaale,
Und der Pfarrer blickte dann,
Scharf den König Alfred an.

Sprach: Gemeinde, welch ein Wunder,
Eben gab der Teufel Zunder,
Macht, es überläuft mich kalt,
Nicht mal vor der Kirche halt.

König Alfred arg in Nöten
Sah man daraufhin erröten,
Und er rief, bekam Applaus,
Werfen wir den Teufel raus.

Laßt uns Halleluja singen,
Damit wird es uns gelingen,
Und sieh da, nach dem Gesang
Roch es nicht mehr allzu lang.

König Alfred ganz in Leder

KÖNIG ALFRED UND SEIN HANSWURST

König Alfred ganz in Leder

König Alfred, ganz in Leder,
Trug im Hintern eine Feder,
Rief die Frau, was wollen Sie?
Krähte er laut: Ki-Kri-Ki.

Lief dann flatternd durch die Hallen,
Wäre beinah hingefallen,
Durch die Hintertür hinaus,
Was war das, der Spuk war aus.

Ja, der König der mag spaßen,
Freut sich über alle Maßen,
Wenn er jemanden erschreckt,
Was ein Schelm doch in ihm steckt.

Alle Leute, die ihn kennen,
Würden Alfred harmlos nennen,
Er tut niemand was zuleid,
Ist auch letztlich ganz gescheit.

Laßt ihn also weiter krähen,
Ist doch ganz hübsch anzusehen
Wie er seine Show abzieht
Und dann wartet, was geschieht.

Eine solche hübsche Feder
Hat nun einmal auch nicht jeder,
Und ein Hahn von Eleganz
Trägt stets hinten seinen Schwanz.

Hanswurst beim Duschen

Hanswurst beim Duschen

Hanswurst wollte zu den Duschen,
Dacht, ich schau mir an die Muschen,
Von den vielen schönen Damen,
Die heute zum Duschen kamen.

Ja, der Hanswurst war Genießer,
Diesbezüglich gar kein Spießer,
Wenn es gab etwas zu sehen,
Konnt er kaum den Gast verstehen,

Der dort die Gespräche suchte
Und im Anschluß daran fluchte,
Weil er's konnte nicht verwinden,
Dort nie ein Gespräch zu finden.

Das war Hanswurst nicht geheuer,
Jede Dame fing gleich Feuer,
Wenn er mit den Muskeln spielte,
Sie natürlich nach ihm schielte.

Um sein Glockenspiel zu sehen,
Blieben sogar Männer stehen;
Fehlt nur noch das der Perverse
Schreibt beim Duschen auch noch Verse.

So was sah Hanswurst nicht gerne,
In dem Hotel der fünf Sterne;
Hier ging man doch in die Saunen,
Um die Damen zu bestaunen,

Um die Männlichkeit zu spüren,
Statt Gespräche hier zu führen.
Um Gespräche sich zu suchen,
Kann man Bildungsreisen buchen,
Sich nicht unter Duschen stellen,
Das sind wohl die falschen Quellen;
Aus dem Haus mußt man ihn weisen,
Dieser Gast sollt lieber reisen!

Hanswurst darf nicht duschen

Hanswurst darf nicht duschen

Hanswurst soll die Duschen meiden,
König Alfred konnt's nicht leiden,
Wenn er dort die Beine spreizte
Und dadurch die Damen reizte,

Um sich dann mit seinen Blicken
An den Damen zu erquicken;
Oft hört' man den König sagen:
Mir gefällt nicht Dein Betragen,

Senk den Blick auf Deine Füße,
Du hast doch zwei wirklich süße;
Hanswurst konnt das nicht verstehen,
Seine Freude war zu sehen,

Eben grade diese Muschen,
Deshalb ging er doch zum Duschen;
Und bei Damen ohne Blusen,
Wollt er schaun auf ihre Busen.

Davon schließlich ganz zu schweigen,
Er hätt auch etwas zu zeigen,
Sollt der König sich nicht grämen,
Leben ist ein Geben, Nehmen.

Das war's, was er immer sagte,
Weshalb er jetzt plötzlich klagte,
Hanswurst konnte es nicht fassen,
Wollt das Duschen drum nicht lassen.

Die Silvesterparty

Die Silvesterparty

Alle freun sich auf Silvester,
Hanswurst ist des Königs Bester,
Und so tanzt der alte Bock
Mit ihm einen Kuschelrock.

Sind die beiden ausgelassen,
Wie sie herzlich sich umfassen,
Und der Schritt zwei lang drei kurz
Zwischendurch des Königs Furz.

Zur Begleitung im Orchester
Singt des Königs schöne Schwester,
Mit dem knappen Dekolleté,
Hanswurst ruft: Oh, was ich seh.

Springt der König hoch erschrocken,
Er ist von Natur aus trocken,
Doch des Hanswursts Hosenwurm
Steht noch fest in Drang und Sturm.

Ja so geht das über Stunden,
Drehn die beiden ihre Runden,
Doch dann kommt der große Knall.
Schreit der Hanswurst Überfall.

Dürft es aber besser wissen,
Hat der König nur geschissen,
Sich die ganze Hose voll,
Der Silvester war schon toll.

König Alfreds Blähungen

König Alfreds Blähungen

Schon des öftren war's geschehen,
Alfred hatte Magenblähen,
Und sodann mit einem Ruck
Löste sich der Überdruck.

So was konnte peinlich enden,
Ums zum Guten noch zu wenden,
War Hanswurst gewitzt und schnell,
Mit 'nem Einfall meist zur Stell.

Denken wir nur an Silvester,
Bravourös bestand den Test er,
Als sich löste Alfreds Knall
Rief Hanswurst laut Überfall.

Kürzlich erst im Stadtverkehr
Quälte ihn der Magen sehr,
Und mit ungeheurem Schub
Kam heraus ein starker Pup.

Waren Sie das, der hier pupte,
Nein, das Auto dort, das hupte,
Sagte Hanswurst wieder schlau,
Zu der aufgebrachten Frau.

Hanswurst meint: Mag er sich blähen,
Ich werd zu dem König stehen,
Sei der Pups groß oder klein,
Mir fällt immer etwas ein.

Hanswurst hat nichts unterm Rock

Hanswurst hat nichs unterm Rock

Hanswurst, wir wolln bei den Schotten
Diesmal unsren Urlaub nehmen,
Doch da brauchen wir Klamotten,
Sagte Alfred, die bequemen,

Tragen hier bei uns die Frauen,
Sollt man haben schlanke Beine,
Sind dann recht hübsch anzuschauen,
Ich hab lange, Du hast kleine.

Doch wir können das ausgleichen
Über unsrer Röcke Längen,
Meiner wird zum Knie hinreichen,
Deiner überm Schniedel hängen.

Dann gilt es noch zu erfragen,
Keiner scheint es recht zu wissen,
Was die Schotten drunter tragen,
Möchtest Du die Hose missen?

Da sprach Hanswurst ziemlich trocken:
Ich hab zwar recht kurze Beine,
Trage auch nur kleine Socken,
Nun zur Hose: Ich brauch keine!

Das Pfänderspiel

Das Pfänderspiel

König Alfred hatt' ein Ziel,
Er wollte beim Pfänderspiel
Der Brunhilde an die Wäsche,
Doch da gab es die Malesche.

Er hatte vier Hosen an,
Doch Brunhilde sie gewann,
Drei davon im Handumdrehn,
Eine war nur noch zu sehn.

Aber dann zog Alfred nach,
Dass ihm schon der Schweiß ausbrach;
Er erblickte ihren Schlüpfer,
Machte einen Freudenhüpfer.

Da geschah es, welch ein Schreck,
War die letzte Hose weg;
Die Brunhilde blieb gelassen,
Denn ihr Glück war kaum zu fassen,

Sprach: Welch kleiner Schniedelwutz,
Und Sie haun so auf den Putz;
Da war's aus mit Alfreds Zielen,
Und er wollt nie wieder spielen.

Alfreds Rekord

KÖNIG ALFRED UND SEIN HANSWURST

Alfreds Rekord

Alfreds Rekord in der Kürze,
Waren fünfunzwanzig Fürze;
Ja im Furzen war er groß,
Blähte sich auf seine Hos.

Meinte Hanswurst, es ist schade,
Daß bei der Olympiade,
Man nicht furzt im Wettbewerb,
Darin wären Sie superb.

Trotzdem wolln wir weiter üben,
Ich furz hier und Sie dort drüben;

Sprach der König, doch ich furz,
Zweimal lang und dreimal kurz,

Denn bei dieser Melodie
Schlug man mich bisher noch nie;
Das ist der Dreivierteltakt,
Fand der Hanswurst recht vertrackt.

Doch er sagte, bitte sehr,
Ich furz wie'n Maschin'gewehr,
Und am Ende zeigt sich dann,
Wer am besten furzen kann.

Das verschwundene Arschloch

Das verschwundene Arschloch

König Alfreds Hämorrhoiden,
In der Größe sehr verschieden,
Nun, wie könnt es anders sein,
Reizten ihn schon ungemein.

Mußte Hanswurst nach drei Halben,
Sie des abends gründlich salben;
So war er von größtem Wert,
Für den königlichen Stert.

War'n zwei Ärsche für das Leben
Sich sehr freundschaftlich ergeben,
Ist doch schön, wenn so vertraut,
Ein Arsch auf den andern schaut.

Da geschah's, kann es verschwinden,
König Alfred konnt's nicht finden,
Rief ganz laut und bleich vor Schreck,
Mensch, mein Arschloch das ist weg.

Hörte man den König fluchen,
Hanswurst sollte es schnell suchen,
Und er schrie, Du liebes Loch,
Gestern abend sah ich's noch.

Nein, die Sache war nicht heiter,
Und so schimpfte Hanswurst weiter,
Ist man heute so versaut,
Daß man schon ein Arschloch klaut.

Hanswurst suchte über Stunden,
Wollte aber nicht bekunden,
Ob er es zum Schluß noch fand,
Blieb bis heute unbekannt.

König Alfreds Einstellungskriterien

König Alfreds Einstellungskriterien

König Alfred lag im Bett,
Dacht, mein Küchenkabinett
Möcht ich einmal umgestalten,
Nach Kriterien, nicht den alten.

Hanswurst bleibt nur dann Minister,
Für den Fall, daß weiter pißt er
Als die Marke von zwei Metern,
Da mag er auch noch so zetern.

Nach ihm dann der zweite Mann,
Wird wer richtig furzen kann,
Und zwar kräftig, kurz und schnell,
Mindestens drei Dezibel.

Unter dem mach ich es nicht,
Sonst verlier ich mein Gesicht;
Morgen heißt es anzutreten,
Vorher kann man noch mal beten.

Wer nicht mitmacht, der fliegt raus,
Hoch im Bogen aus dem Haus;
Will man an der Spitze stehen,
Möcht ich höchste Leistung sehen.

Der Leistungswettbewerb

Der Leistungswettbewerb

Nun zum Leistungswettbewerb,
Ja, das Wetter war superb,
Und so traten Mann für Mann,
König Alfreds Leute an.

Jetzt wurde die Spannung groß
Als sein Hanswurst legte los,
Schaffte grade einen Meter,
Ach, da gab es ein Gezeter.

Alfred sprach: Du hast 'ne lange,
Recht beachtenswerte Stange,
Doch was nützt sie ohne Druck,
Hanswurst gib Dir einen Ruck.

Hanswurst drückte, Hanswurst klopfte
Bis sein Schniedel nur noch tropfte,
Und die Leute lachten bös,
König Alfred wurd nervös.

Denk doch mal an unsren Schnurz,
Der ist beispielhaft im Furz,
Zieht die Leute in den Dreck,
Ja, er furzt sie einfach weg.

Doch ich will Dir gnädig sein,
Stell für heut die Übung ein;
Übe, übe, sag ich bloß,
Sonst bist Du den Posten los.

Nächste Woche sehn wir dann,
Wer den Wettbewerb gewann;
Hanswurst hat es da nicht leicht,
Fraglich ob es dafür reicht.

Hanswurst und die Liebe

Hanswurst und die Liebe

Hanswurst war in Liebesdingen
Eigentlich nur selbst sich treu,
Dacht, was soll die Liebe bringen,
Wenn ich sie zum Schluß bereu.

So ist er ganz gut gefahren,
Hatte eine Liebschaft nie,
War nun auch schon in den Jahren,
Und da plötzlich sah er sie.

Die Brunhilde, kaum zu glauben,
Oh, da ist sein Herz erwacht,
Schien ihm den Verstand zu rauben,
Hat ihn freundlich angelacht.

Hanswurst dachte, ihre Möpse,
Fallen ganz schön ins Gewicht,
Da vergeß ich meine Klöpse,
Schaute ihr dann ins Gesicht.

Als sich ihre Blicke fanden,
War's um beide schon geschehn,
Auch die letzten Zweifel schwanden,
Sie mußten sich wiedersehn.

Und sie schwelgten in der Liebe,
Warn für längre Zeit ein Paar,
Dann kam Sand in das Getriebe,
Und dem Hanswurst wurde klar,

Sie hat doch auch ihre Macken,
So hab ich das nicht gedacht,
Muß mich dafür ganz schön placken,
Für den Spaß, den sie noch macht.

Das war der Beginn vom Ende,
Irgendwann war es ganz aus,
Hanswursts Blicke sprachen Bände,
Und er warf Brunhilde raus.

Alfred geht nicht auf den Strich

Alfred geht nicht auf den Strich

Hanswurst ging ganz sicherlich
Nicht mit Alfred auf den Strich,
Schon weil von dem Strich die Damen,
In das Hotel-Alfred kamen.

Wie ich so was sagen kann,
Ich hört, es wüßt jedermann,
Daß sie bei Likör und Kuchen
Dort nach ihren Freiern suchen.

Fragt man nach, wie so was geht,
Klar, in jedem Fall diskret,
Aufsehn ist strikt zu vermeiden,
Sonst könnte der Ruf doch leiden.

Und zumindest soll der Schein
Makellos und glänzend sein;
Andrerseits will man mitnichten,
Auf den Umsatz gern verzichten.

Alfred hat sich schon beschwert,
Wie man's macht, ist es verkehrt;
Ich bin sicher, der Famose,
Fand auch hier die Symbiose.

Alfreds Stil

Alfreds Stil

Mit Bewundrung soll man schauen,
Alfred will noch schöner bauen,
Denn es ist des Königs Ziel,
Daß man sagt er hätte Stil.

Geld, das hat er von den netten,
Stilbetonten Wursthausketten,
Und er hat davon sehr viel,
Macht es auch im großen Stil.

Ihn mit seiner güldnen Krone,
Handelt man schon als Ikone,
Um im Stile echt zu sein,
Sogar mit dem Heilgenschein.

Nur, vor Streit muß man sich hüten,
Alfred treibt im Stil hier Blüten,
Geht die Sache vor Gericht,
Sehen das die Richter nicht.

Sagen von dem Wunderbaren,
Er soll seinen Stil bewahren,
Denn Kritik an seinem Stil,
Würde schaden dem Profil.

Wie ich hört, hat es geheißen,
Wär sein Nachttopf jetzt aus Meißen,
Weil er selbst in dunkler Nacht,
Die Geschäfte stilvoll macht.

Kunigunde und König Alfred

Kunigunde und König Alfred

Alfred saß seit einer Stunde
Auf dem Schoß von Kunigunde;
Sie ließ einfach ihn nicht los,
Hielt ihn fest an seiner Hos.

Ja, so war die große, runde,
Herzensgute Kunigunde,
Sie wollt so gern zum Genuß,
Von dem König einen Kuß.

Doch der König tat sich wehren,
Er wollt nicht mit ihr verkehren,
Jedenfalls von Mund zu Mund,
Und das gab er ihr auch kund.

Er hat dann zur List gegriffen
Und ihr in den Po gekniffen;
Da ließ sie ihn endlich los,
Die Enttäuschung war sehr groß.

König Alfred sah man flitzen,
Ließ die Kunigunde sitzen;
Sie wurd ganz bleich im Gesicht
Und verstand den Alfred nicht.

König Alfred kam nie wieder,
Kunigunde lag danieder,
Blieb für immer dann allein,
Grausam kann das Leben sein.

Ein Schelm

Ein Schelm

Alfred Kack ließ aus Versehen
Seine Hose offenstehen,
Und die Zofe, die das sah,
Wußte nicht, wie ihr geschah.

Rief: Mein König, oh so offen,
Hab ich Sie noch nie getroffen,
Eher immer sehr bedeckt,
Welch ein Schelm in Ihnen steckt.

Lassen wir den Schelm nur stecken,
Wolln wir gar nicht erst aufwecken,

Sprach Alfred, hat mit Bedacht
Dann die Hose zugemacht.

Wollen einen Schelm Sie sehen,
Müssen Sie zu Hanswurst gehen,
Dessen ungestümer Schelm,
Trägt zum Schutz stets einen Helm.

Und der Hanswurst, der nimmt immer
Gern die Zofen mit aufs Zimmer,.
Damit geben Sie nun Ruh,
Denn der Meine ist tabu.

HANSWURST UND DIE BIENE

Hanswurst und die Biene

Hanswurst saß auf der Latrine,
Und der Duft lockt eine Biene,
Auf sein blankes Hinterteil,
Fand der Hanswurst gar nicht geil.

Und er war am überlegen,
Ich darf mich jetzt nicht bewegen,
Sonst, das wäre sehr gemein,
Sticht sie in den Hintern rein.

Diese Biene sich nicht zierte,
Auf dem Hintern rummarschierte,
Überall und kreuz und quer,
Nervte Hanswurst wirklich sehr.

Denn er hatte unterdessen,
Eine Stunde fast gesessen,
Doch die Biene, welch ein Fluch,
War begeistert vom Geruch.

Summend schnupperte das Luder,
Roch am Hinterteil den Puder,
Denn der Hanswurst war so fein,
Puderte es täglich ein.

Hörte nun den König rufen,
Hanswurst komme in die Kufen,
Sage an, was machst Du jetzt,
Hältst so lang das Klo besetzt.

Ich sitz hier mit einer Biene,
Unter Zwang auf der Latrine,
Denn sie läßt mich nicht mehr los,
Kann nicht hochziehn meine Hos.

Hanswurst, das ist ungeheuer,
Suche Deine Abenteuer
Doch gefälligst anderswo,
Und nicht auf des Königs Klo.

Da fing Hanswurst an zu schreien,
Alfred mögen Sie verzeihen,
Lassen Sie mich nicht allein,
Alfred trat die Klotür ein,

Rief, mein Gott, ich seh die Biene,
Ich war auf der falschen Schiene,
Schnell vergessen war der Schreck,
Denn die Biene flog jetzt weg.

Wetten, dass?

KÖNIG ALFRED UND SEIN HANSWURST

Wetten, dass?

Alfred sprach: Als Popoist
Tanz ich jetzt den Popotwist
Und kreier auf diese Weise
Unwahrscheinlich schöne Kreise.

Wenn ich vor der Leinwand steh
Und mich plötzlich rhythmisch dreh,
Kann ich es selbst kaum erwarten,
Meine Töne, diese zarten

Auf dem Bilde anzuschaun,
Um mich daran zu erbaun;
Außerdem möcht ich bekunden,
Ich hab den Verbund gefunden,

Zwischen Malerei abstrakt
Und dem Tanzen splitternackt;
Nun, es ist gut zu verstehen,
Bin ich endlich mal zu sehen

Auch auf jedem Fernsehbild,
Darauf war ich schon ganz wild;
Das muß diesem Schalk man lassen,
Er weiß, Dinge anzufassen;

Für mich gilt, bei Wetten, daß,
Machen sich die Leute naß,
Welch ein Spaß, nämlich vor Lachen,
Nur in Anbetracht der Sachen,

Die ich künstlerisch vorführ,
Exquisit in meiner Kür,
Bin Gewinner ich der Wette,
Werd genannt Alfred der Nette.

DIE VERLORNE RICHTUNG

Die verlorne Richtung

Das Ergebnis meiner Sichtung:
Alfred Kack verlor die Richtung,
Oben stimmt nicht die Belichtung,
Hinten fehlt ihm eine Dichtung.

Mangels Dichtung sage, staune,
Spielt er trefflich die Po-saune;
Sieht man ab von manchen Rügen,
Schafft er damit auch Vergnügen.

Viele rümpften ihre Nase,
Manche fielen in Ekstase,
Wenn der Alfred, der Famose,
Po-saunte aus seiner Hose.

Die Belichtung gibt dagegen
Mehr Grund, um sich aufzuregen;
Den durch sie entstandnen Schaden
Haben Gäste auszubaden,

Denn des Königs Richter richtet:
Ist der Alfred falsch belichtet,
Braucht er nicht für sein Versagen
Die Verantwortung zu tragen.

Alfred spielt deshalb zum Kummer
Andrer die Belichtungsnummer
Und sagt, wenn ich Fehler mache,
Trägt Schuld die Belichtungssache.

Hanswursts Bock auf kurzen Rock

Hanswursts Bock auf kurzen Rock

Hanswurst hatte einen Bock
Auf jede Frau im kurzen Rock;
So ein Rock schien ihm zu sein,
Etwa wie ein Freifahrtschein.

Das mit seiner eignen Frau
Nahm er dann nicht so genau,
Heißt es doch, was sie nicht weiß,
Macht sie ganz bestimmt nicht heiß.

Alfreds Hanswurst hatte nun
Auch mit Frau von Stolz zu tun,
Die bereits seit einem Jahr
Im Hotel bedienstet war.

Er sah ihren kurzen Rock,
Lief fortan nur noch Amok,
Überall ihr hinterher
Und bedrängte sie gar sehr.

Frau von Stolz sprach: Keinesfalls
Bringt Sie weiter Ihre Balz,
Denn ich habe einen Mann,
Machen Sie mich nicht mehr an!

Ihren Mann, sprach Hanswurst keck,
Denken wir uns einfach weg,
Außerdem, das was ich kann,
Schafft ganz sicher nicht Ihr Mann.

Also kommen Sie mit mir,
Denn ich bin Direktor hier.
Wer nicht willig ist im Haus
Fliegt nach kurzer Zeit hinaus.

Doch die gute Frau von Stolz
War geschnitzt aus bestem Holz,
Sprach: Das schert mich einen Dreck,
War am nächsten Tag schon weg.

Karussell im Bordell

Karussell im Bordell

Alfred dachte im Bordell
Fährt man auf dem Karussell,
Gab dem Hanswurst zu verstehn,
Mit ihm ins Bordell zu gehn.

Hanswurst war das nicht geheuer,
Fragte, ist das nicht zu teuer,
Aber nach dem vielen Frust,
Hätte er darauf schon Lust.

Sprach: Mein König, allezeit
Bin ich stets für Sie bereit,
Und in diesem Falle hier
Haben beide wir Pläsier.

Du sollst dort ein Pferd besteigen
Und mir Deine Reitkunst zeigen,
Ich hingegen schau nur zu,
Nun, mein Hanswurst, was meinst Du?

Oh, das hab ich nicht gedacht,
Daß mir so was Freude macht,
Eins ist klar, mit einem Pferd
Hab ich bisher nie verkehrt.

Doch Ihr Wunsch ist mir Befehl,
Wenn ich mich auch noch so quäl,
Ich steh für Sie in der Pflicht,
Drücke mich auch diesmal nicht.

Trotzdem, das kann heiter werden,
Gibt es nun schon Sex mit Pferden;
Da ging Alfred auf ein Licht,
Irgendetwas stimmte nicht.

Plötzlich wurde beiden klar,
Daß man jetzt im Irrtum war,
Und zwar wirklich ziemlich krass,
Doch auf Hanswurst ist Verlaß.

Der Hüpfer

Der Hüpfer

Nachdem Hanswurst, man konnt's lesen,
In Australien war gewesen,
Hüpfte er nun ab und zu
Durch den Park wie'n Känguruh.

Manch ein Gast der wollt beim Schauen
Seinen Augen gar nicht trauen,
Wenn Hanswurst so emsig sprang
Wieder beim Hotel entlang.

Hier ein Känguruh zu sehen,
War nur schwerlich zu verstehen,
Und der Hanswurst sprang nicht schlecht,
Wirkte deshalb völlig echt.

Doch ein Junge sah den feinen
Unterschied, den kleinen,
So daß er im Eifer rief,
Irgendetwas läuft hier schief.

Dieses Känguruh trägt einen
Beutel zwischen seinen Beinen,
Und so wurde endlich klar,
Daß Hanswurst der Hüpfer war.

Die scharfen Hosen

Die scharfen Hosen

Hanswurst kam von André Heller,
Lief nach Haus, wurd immer schneller,
Wollt dem König doch berichten,
Ganz unglaubliche Geschichten.

Was am meisten fasziniere
War der Furz, der avancierte
Hin zum großen Kunsterleben,
Konnt es etwas Schönres geben?

Hanswurst dacht, im großen Saale,
Bei des Königs Potentiale,
Ließen sich mit dessen Winden
Neue Absatzmärkte finden.

Sprach zum König übermütig,
Alfred, die Natur ist gütig,
Da Sie gar so herrlich blähen,
Würd ich Chancen für uns sehen,

Daß wir auch mit Ihren Fürzen
Unsre Angebote würzen,
Müssen sie nur kultivieren
Und mit großem Fleiß trainieren.

Sie könnten mit hohen Tönen
Unser Publikum verwöhnen,
Ich werd dann die tiefen bringen,
Weil die besser mir gelingen.

Und wir furzen im Duette,
Lieder aus der Operette;
Beide wurden Virtuosen,
Nannten sich die scharfen Hosen.

Ziehn sie diese aber runter,
Wird's im Saale richtig munter,
So was hört man ohne Frage,
Ganz bestimmt nicht alle Tage..

Von der Wanze gebissen

Von der Wanze gebissen

Hanswurst schrie: Es tut mich jucken,
Alfred sprach: Laß mich mal gucken;
Meine rechte Hinterbacke,
Alfred drauf, ja das ist Kacke.

Dich biß wirklich eine Wanze,
Nun, zum Glück nicht in den Schwanze;
Ich werd Dir den Mors einreiben,
Doch Du mußt ganz ruhig bleiben.

Wenn ich nur die Salbe fände,
Hätt das Jucken schnell ein Ende;
Ah, da ist sie meine Dose,
Jetzt zieh wieder hoch die Hose.

Laß uns nun die Wanze suchen,
Sonst wird noch manch andrer fluchen;
Und sie suchten über Stunden,
Haben sie doch nicht gefunden.

Die Osmose in der Hose

Die Osmose in der Hose

Wenn der Hanwurst sich erregte
Und sich die Erregung legte,
War die Hose nicht mehr trocken,
König Alfred höchst erschrocken.

Und er sprach: Es gilt zu lösen,
Dies Problem mit Haken, Ösen;
Ich werd mit Gelehrten sprechen,
Ganz egal, was ich muß blechen,

Dir soll schnell geholfen werden,
Daß Du glücklich wirst auf Erden;

Ja, die Löung hat gefunden,
Ein Professor nach drei Stunden.

Er will ein Gerät jetzt bauen,
Dem der Hanswurst kann vertrauen;
Es kommt bei ihm in die Hose,
Funktioniert wie die Osmose,

Nämlich semipermeabel
Und ist dazu noch rentabel;
Hanswurst bleibt nun immer trocken,
Da war Alfred von den Socken.

Hanswurst hat den Floh im Po

Hanswurst hat den Floh im Po

Hanswurst war in einem Zoo,
Mußte dringend auf das Klo,
Dort wohnte ein großer Floh,
Sah vom Hanswurst den Popo.

Rief begeistert er hallo,
Dieser Po der macht mich froh,
Ist für mich ein weites Feld,
Wie es mir so recht gefällt.

Links und rechts ein hoher Berg,
Da fühl ich mich wie ein Zwerg,
In der Mitte dann ein Loch,
Wo er sich ganz schnell verkroch.

Doch das dauerte nur kurz,
Denn gerad noch vor dem Furz

Sprang der Floh auf einen Berg,
Machte sich sofort ans Werk.

Biß mit seinem Rüssel rein,
Voll mit Blut zog er ihn ein,
Hanswurst schrie, der arme Tropf,
Fiel vor Schreck von seinem Topf.

Faßte sich, und er sprang auf,
Raste dann im schnellen Lauf
Wie ein Wilder aus dem Klo,
Hatt am Hintern noch den Floh.

Und wie ging die Sache aus,
Hanswurst trug den Floh nach Haus,
Und der Wärter aus dem Zoo
Suchte abends dann den Floh.

Alfreds Schwester Egonita

Alfreds Schwester Egonita

Alfreds Schwester, Egonita
Trug ein Röckchen wie Pepita,
Reichte längst nicht bis zum Knie,
Sprach der König: Sagen Sie,

Wenn Sie so am Hof flanieren
Schwester und sich gar nicht zieren,
Wenn ein jeder sonst was sieht,
Was mit unsrem Ruf geschieht.

Egonita war ein Luder,
Und sie sprach: Mein lieber Bruder,
Alfred, Sie als alter Bock
Reizt nicht mehr ein kurzer Rock.

Mußt die jungen Männer sehen,
Alle bleiben freudig stehen,
Es erschallt ihr lauter Ruf,
Den ich ganz allein mir schuf:

Egonita, sie soll leben
Und ihr Röckchen etwas heben,
Das belebt und hält uns jung,
Gibt uns allen frischen Schwung.

Alfred, ich trag keine Trauer,
Mich sperrt keiner in den Bauer,
Und bei mir ist stets was los,
Spielen Sie den Trauerkloß.

Hanswurst soll die Heide sehen

KÖNIG ALFRED UND SEIN HANSWURST

Hanswurst soll die Heide sehen

König Alfred sprach: Wir beide,
Hanswurst, fahr'n heut in die Heide;
Heidekräuter sollst Du sehen,
Wie sie in der Landschaft stehen.

Zuerst fahr'n wir im Mercedes,
Weiter geht es dann per pedes
Nach Wilsede zu dem Berge,
Dort lebten einst nicht die Zwerge,

Nein, im Gegenteil die kühnen,
So gewaltig großen Hünen;
Angst brauchst Du nicht mehr zu haben,
Weil sie längst den Geist aufgaben.

Ihre Gräber kannst Du schauen,
Um Dich daran zu erbauen;

Angekommen in der Heide,
Rief Hanswurst, welch' Augenweide,

Ich denk, daß ich für uns beide
Einen schönen Strauß abschneide.
Doch nun eines nach dem andern,
Sie begannen mit dem Wandern,

Auf und ab und unverdrossen,
Haben sie die Luft genossen;
Ja der Tag schien hier auf Erden
Unvergleichlich schön zu werden.

Dann urplötzlich kam die Wende,
Mit dem Frieden war's zu Ende;
Hanswurst schlug im Übermute,
Kräftig mit der Weidenrute,

Gegen die Wacholderbäume,
War das Aus für alle Träume;
Hatt' ein Wespennest getroffen,
Fragen blieben da nicht offen.

Hanswurst rannte um sein Leben,
Hat so richtig Gas gegeben,
Doch sieh da, der Wespen eine,
Flog ihm in die Hosenbeine.

Dort hat's merkwürdig gerochen,
Und die Wespe hat gestochen,
In die beiden Hinterteile,
Schluß war es mit Hanswurst's Eile.

In die Höh ist er gesprungen,
Hat ganz fürchterlich gesungen,
Damit war das Thema Heide,
Erst einmal tabu für beide.

Alfred bleib in Deiner Hose

KÖNIG ALFRED UND SEIN HANSWURST

Alfred bleib in Deiner Hose

Alfred sagt, bei manchen Dingen,
Könnt ich aus der Hose springen,
So, wenn man den König narrt,
Schmiert mir Honig um den Bart.

Will verkaufen mich für dumm,
Und steht in den Ecken rum,
Oder aber sogar sitzt,
Und nicht für den König flitzt.

Sich nicht tief vor mir verbeugt,
Ehrerbietung nicht bezeugt,
Oder, wenn trotz Hochsaison,
Sich nicht füllt mein Geldkarton.

Wenn man sagt, mein heilger Schein,
Wär nicht edel und nicht rein,
Wenn man säumig in der Pflicht,
Nicht für mich die Lanze bricht.

Oh, Sie haben mein Versprechen,
Ich werd stets die Lanze brechen,
Dafür stehe ich im Wort,
Fuhr der Hanswurst darauf fort.

Doch Sie müssen Opfer bringen,
Niemals aus der Hose springen,
Denn Sie sähen, das muß raus,
Wirklich sonst zu komisch aus.

Die Lärmschluckdose

KÖNIG ALFRED UND SEIN HANSWURST

Die Lärmschluckdose

Alfred Kack trägt in der Hose
Neuerdings die Lärmschluckdose,
Denn wer soll bei seinen Tönen,
Sich an diese wohl gewöhnen.

War doch kürzlich erst beim Knallen,
Eine Dame umgefallen,
Und der Hanswurst meinte heiter,
Alfred, so geht das nicht weiter.

Sie verbreiten großen Schrecken,
Ich werd Sie zwar immer decken,
Wenn Sie böse Geister wecken,
Müssen Sie sich noch verstecken.

Und von unsren guten Gästen,
Fehln schon welche bei den Festen,
Alfred sprach: Oh nein, von wegen,
Ich laß mir die Dose legen.

Sie wird die Geräusche dämpfen,
Und ich brauch nicht mehr zu kämpfen
Gegen die Naturgewalten,
Die sich doch nicht lassen halten.

So haben wir in unsrer Hose
Beide was, sprach Hanswurst lose,
König Alfred seine Dose
Und der Hanswurst die Osmose.

Hanswurst schließ den Hosenstall!

Hanswurst schließ den Hosenstall!

König Alfred, der Famose
Achtet sehr auf Hanswursts Hose,
Und er sprach, auf keinen Fall
Möcht ich, daß Dein Hosenstall,

In der Arbeitszeit steht offen,
Wirst Du damit angetroffen,
Hanswurst, nun ich sage Dir,
Dann ist richtig los was hier.

Es beschwerten sich schon Damen,
Die erst kürzlich zu mir kamen,

Jetzt fehlt nur noch, daß das Ding
Auch noch aus der Hose hing.

Schließlich bist Du ein Direktor,
Und ich denk, in diesem Sektor
Müßtest Du ein Vorbild sein,
Gilt auch für den äußren Schein.

Halt den Hosenstall geschlossen,
Denn sonst wirst Du abgeschossen,
Hanswurst nein, ich spaße nicht,
Also halt die Hose dicht!

Hanswurst ohne Unterhose

Hanswurst ohne Unterhose

König Alfred zog mitunter
Dem Hanswurst die Hose runter,
Sprach: Das wird ja immer bunter,
Du hast wieder mal nichts drunter.

Wie oft muß ich das noch sagen,
Du sollst Unterhosen tragen,
Ohne eine Unterhose
Hängt bei Dir doch alles lose.

Was solln bloß die Damen denken,
Die uns ihr Vertrauen schenken,
Ihnen könnt, wenn sie Dich sehen,
Gleich der Appetit vergehen.

Appetit und Wohlbehagen
Sollen unsren Umsatz tragen;
Also sag, ich möchte sehr bitten,
Was hat diesmal Dich geritten?

Nun, ich hatte angenommen,
Daß sie Appetit bekommen,
Wenn ich so, auf diesem Wege,
Ihre Phantasie anrege,

Gab der Hanswurst zu bedenken,
Das mußte den König kränken,
Sagte, sprich noch mal so lose,
Dann hau ich Dich aus der Hose.

Hanswurst und das Fliegen

Hanswurst und das Fliegen

Hanswurst hatte Angst vorm Fliegen,
Denn ein Flugzeug sagte er,
Kann nur allzu leicht verbiegen
Und ist für die Luft zu schwer.

Hanswurst konnte das beweisen,
Er sprach: Leute schaut nur her,
Hier hab ich ein Stückchen Eisen,
Es fällt runter, bitte sehr!

Ich will die Natur betrachten,
Das sollte man doch verstehn,
Nicht in einem Flugzeug schmachten,
Immer nur die Wolken sehn.

Dann im Flugzeug diese Enge,
Nein, das mag ich gleichfalls nicht,
Wenig Platz und schmale Gänge,
Daß einem der Schweiß ausbricht.

Was der Hanswurst uns nicht sagte,
Und das fand er auch nicht toll,
Was beim Flug ihm nicht behagte,
Seine Hosen waren voll.

Du dickes Ei

Du dickes Ei

Hanswurst saß auf Alfreds Schoß,
Plötzlich mußte er mal Groß,
Alfred rief, wie riecht das bloß,
Und da ging es auch schon los.

Alfred schrie, Du dickes Ei,
Hanswurst drauf, oh wei, oh wei,
Das ging in die Hose nei,
Doch ich fühl mich richtig frei.

Alfred sprach, ich zähl bis vier,
Und dann bist du nicht mehr hier,
So was ausgerechnet mir,
Du hast dabei noch Pläsier.

König Alfred guckte scheel,
Wie im Tierpark das Kamel;
Das fand Hanswurst gar nicht gut,
Alfred hatte wirklich Wut.

Hanswurst hat sofort erkannt,
Jetzt wird's in der Tat brisant,
Deshalb rannte er schnell fort
Lieber hin zum stillen Ort.

Hokuspokus auf dem Lokus

Hokuspokus auf dem Lokus

Um den König zu erfreuen,
Wollt Hanswurst die Müh nicht scheuen,
Und fürs Hotel mit den Sternen,
Schnellstens jetzt das Zaubern lernen.

Kurz darauf schon, bei den Festen,
Gab Hanswurst die Kunst zum besten;
Alfred hatte dran Vergnügen,
Daß der Schein konnt derart trügen.

Und auch in privaten Kreisen,
Durft sein Können er beweisen;
Heute kam im kleinen Saale
Advokatus Schnurz zum Mahle.

Hanswurst hatte dessen Essen
Reich mit Rizinus bemessen,
Denn danach sollt es mal eben,
Zauberei zum Ausklang geben.

Was der Hanswurst alles machte,
Wie man klatschte, wie man lachte,
Doch dem Advokat zum Kummer,
Kam nun eine neue Nummer.

Hanswurst sagte Hokuspokus,
Anwalt Schnurz sitzt auf dem Lokus;
Kaum war dieser Satz gesprochen,
Hat es merkwürdig gerochen;

Sprang der Schnurz schon in die Höhe,
So als bissen ihn zehn Flöhe,
Und man sah ihn wie den Hasen
Hin zum stillen Örtchen rasen.

Man vernahm ein starkes Raunen,
König Alfred mußte staunen,
Sprach zu Hanswurst: Das war sauber,
Ganz phantastisch dieser Zauber!

Der röhrende Hirsch

KÖNIG ALFRED UND SEIN HANSWURST

Der röhrende Hirsch

Hanswurst hatte mal gehört,
Daß der Hirsch zur Brunftzeit röhrt
Und, daß dann die Hirschkuhdamen
Gleich in ganzen Scharen kamen.

Dachte, welch ein schöner Brauch,
Was ein Hirsch kann, kann ich auch;
Im Hotel war nun zu hören,
Überall des Hanswursts Röhren.

Eine Dame kam gerannt,
Schrie verärgert, wutentbrannt,

Wissen Sie, daß mit dem Röhren,
Sie im Haus die Gäste stören.

Das ist wirklich allerhand.
Ist 'ne Röhre durchgebrannt
Wohl in Ihrem Sichrungskasten?
Bitte nicht zu unsren Lasten!

Wenn Sie weiter wie ein Hirsch
Röhrn, sprach sie zum Schluß unwirsch,
Werde ich dem König sagen,
Er soll hier die Hirsche jagen!

Hanswurst sticht in Alfreds Po

Hanswurst sticht in Alfreds Po

Neulich Abend, es war spät,
Als Alfred ein Knopf abgeht,
Denn der saß schon lange lose
An des Königs schwarzer Hose.

Also mußte Hanswurst ran,
Der vortrefflich nähen kann;
Ja mit Zwirn und mit der Nadel
Nähte er sonst ohne Tadel.

Man weiß nicht, woran es lag,
Es war nicht sein bester Tag,
König Alfred war am Blähen,
Lustig war das nicht beim Nähen.

Und so kam's mal eben so,
Hanswurst stach in Alfreds Po;
Da sollt man den König sehen,
Er konnte die Wand hoch gehen,

Sprang vom Stuhle auf und schrie,
Nein, so sah man ihn noch nie;
Hanswurst war zutiefst erschrocken,
Und es blieb kein Auge trocken.

Um Vergebung seiner Schuld
Bat er, haben Sie Geduld,
Doch bei Ihren starken Winden
Konnt ich's Loch im Knopf nicht finden.

Lieber König, ja ich schwör,
Das war wirklich ein Malheur,
Wenn Sie mich noch mal ranlassen,
Werd ich wie ein Luchs aufpassen.

Hanswurst muß geholfen werden

Hanswurst muß geholfen werden

Nach dem Abend mit dem Nähen,
War nun folgendes geschehen:
Hanswurst, sonst doch voller Lust,
Schaute finster, hatte Frust.

Ständig hörte man ihn klagen
Und zu allen Leuten sagen:
Ich stach Alfred in den Po,
Deshalb werd ich nie mehr froh.

Mich verfolgt sein lautes Schreien,
Weiß nicht, kann er mir verzeihen,
Jedenfalls, dies wurd mir klar,
Nichts ist, wie es einmal war.

Und es schien, daß von den Leuten
Manche sich so richtig freuten;
Hanswurst fiel darauf so tief,
Daß er nachts schon nicht mehr schlief.

So mußt er zum Therapeuten,
Da sich einige nicht scheuten,
Ihn zu necken, und ihr Spaß
Mit der Nadel an ihm fraß.

Immer sehe ich die Nadel
In dem Po von höchstem Adel,
Habe das so sehr bereut,
Sagte er zum Therapeut.

Der sprach: Ich kann Hoffung wecken,
Wenn Sie diesen Arsch schön lecken,
Läuft die Sache bald schon rund,
Und Sie werden ganz gesund.

So ist es denn auch geschehen,
Und nach kurzem konnt man sehen,
Dieses war auch in der Tat,
Wirklich wohl der beste Rat.

Urlaub auf Sylt

Urlaub auf Sylt

Hanswurst war seit vielen Jahren
Nun nicht mehr nach Sylt gefahren;
Sylt ging ihm nicht aus dem Sinn,
Er wollt gern mal wieder hin.

Alfred war nicht zu bewegen,
Sich hier zeitlich festzulegen;
Immer hieß es, irgendwann
Treten wir die Reise an.

Hanswurst mußt sich drauf beschränken
Eben nur an Sylt zu denken;
Bekam die Erinnrung Raum,
Fühlte er sich wie im Traum.

Hanswurst sah die Nordseewellen,
Auch den Himmel, den so hellen,
Dann im weiteren Verlauf
Zogen auch mal Wolken auf.

Nun hört er die Stürme brausen
Und des Königs Aftersausen,
Welch Genuß, die Nordseeluft
Im Gemisch mit Alfreds Duft.

Und am Strand, oh diese Wonne,
Streichelte die warme Sonne
Hanswursts runden fetten Bauch
Und die andren Stellen auch.

Aus dem Strandkorb rauszuschauen
Nach den vielen nackten Frauen,
Jeden Tag rund um die Uhr,
Hieß dort FKK-Kultur.

Hanswurst brauchte das Versprechen,
Schon bald nach Sylt aufzubrechen,
Wenigstens im nächsten Jahr
Würd der Urlaub wunderbar.

Vom Schnurz zum Furz

Als der König, wie bekannt,
Wurd von mir noch Mock genannt,
Richter auf den Trichter kamen,
Ich müßt ändern diesen Namen,

War es damit nicht genug,
Schnurz sprang auf denselben Zug,
Um die Stimme zu erheben
Und den Richtern Recht zu geben.

In dem weiteren Verlauf
Warte ich bereits darauf,
Daß die Herren noch erkennen,
Schnurz wär gleichfalls umzunennen.

Da bin ich voraus der Zeit,
Halt den Namen schon bereit,
Dieser soll, ich wills kurz fassen,
Auch zu Alfred Kack gut passen.

Mache aus dem feinen Schnurz,
Trifft den Punkt, jetzt einen Furz;
Alfred kann, ums Recht zu wenden,
Dafür seinen Furz dann senden.

Der verlorene Furz

Alfred Kack verlor beim Sturz
Aus dem Flugzeug seinen Furz,
Als er wie ein Albatros
Nach dem Sprung zu Boden schoß,

Während Furz in Panik schrie:
Ich bleib hier, ich springe nie;
So kam Furz, der arme Mann,
Schlotternd auf dem Flugplatz an.

Dabei tönte er vorher,
So ein Sprung fällt mir nicht schwer,
Alfred, dieser Fallschirmsprung
Gibt uns beiden neuen Schwung.

Nun flog Alfred ganz allein,
Statt mit seinem Furz zu zwein,
Es ging abwärts wie im Sog,
Bis er an der Leine zog.

Da hat freudig er erlebt,
Wie man an dem Fallschirm schwebt,
Und er dachte, laß den Furz,
Der ist mir jetzt völlig schnurz.

Der alte Jäger

Der alte Jäger

König Alfred der Betagte,
Als er kürzlich wieder jagte,
Da sah ihn auf seiner Pirsch
Ein recht kapitaler Hirsch.

Sprach zu seinen Artgenossen,
Wahrlich, was sind das für Possen,
König Alfred geht am Stock
Und trägt noch den Jägerrock.

Es ist wirklich nicht zu fassen,
Dieser Mann, er kanns nicht lassen,
Hinter ihm läuft Hanswurst her
Und trägt ihm sein Schießgewehr.

Ja, ich warne Euch ganz ehrlich,
So ein Mann ist höchst gefährlich,
Manches Tier hat es bereut,
Wenn des Jägers Flinte streut,

Weil es schwer ist ohnegleichen,
Seinen Kugeln auszuweichen,
Der zielt bei Euch aufs Geweih
Und schießt Euch glatt ab ein Ei.

Viele Hirsche unbestritten,
Haben unsäglich gelitten,
Doch der König hört nicht auf,
Er hält weiter munter drauf.

Mögen auch die Tiere klagen,
Hört man König Alfred sagen:
Ach, was soll denn das Geschrei,
Schließlich traf ich nur ein Ei,
Und der Hirsch hat derer zwei.

Der Donnerbalken

Der Donnerbalken

Hanswurst interessierte sehr,
Was ein Donnerbalken wär;
Den hat man beim Militär,
Das weiß ich, doch sonst nichts mehr.

Du mußt die Soldaten fragen,
Der dort steht, der kann's Dir sagen;
Wie der König ihm geraten,
Ging Hanswurst drauf zum Soldaten.

Der trug bereits einen Stern,
Sprach: Hanswurst, ich sags Dir gern,
Doch so einfach ist das nicht,
Ich erklär's aus meiner Sicht:

Wenn im Felde wir marschieren
Und im Anschluß biwakieren,
Möcht, man muß das einfach wissen,
Kein Soldat den Balken missen.

Deshalb wird, nicht fern vom Zelt,
Dieser Balken aufgestellt;
So sind bestens wir gefeit,
Wenn der Donner ist nicht weit.

Das ist wie beim Blitzableiter,
Jeder Donner stört nicht weiter,
Wenn darauf die ganze Chose
Landet nicht in unsrer Hose.

Meine Güte, das ist toll,
Hanswurst war des Lobes voll,
Was da wohl der König sagt,
Der oft über Donner klagt.

Ich werd ihm drei Balken schenken,
Um den Donner abzulenken,
Und sie in verschwiegnen Ecken
Für ihn in dem Park verstecken.

Der gefallene Hanswurst

Der gefallene Hanswurst

Alfred fühlte sich geehrt,
Die drei Balken für den Stert,
Die sein Hanswurst ihm beschert,
Hatten glänzend sich bewährt.

Wenn der Donner will entweichen,
Hockt er nicht mehr unter Eichen,
Kann, mag's krachen und auch blitzen,
Auf dem Donnerbalken sitzen.

Hanswurst, das ist herrlich so,
Dein Geschenk, es macht mich froh,
Denn ich bin in meinem Park
Ganz gleich wo, nun stets autark.

Du brauchst Dich nicht zu genieren,
Darfst die Balken ausprobieren,
Brechen aus dann die Gewalten,
Mußt Du Dich am Balken halten.

Gleich bei seinem nächsten Gang
Durch den Park war groß der Drang,
Und nach einem kurzen Lauf
Sprang er auf den Balken rauf,

Rutschte ab, da war's geschehen,
Hanswurst war nicht mehr zu sehen,
Fiel mit einem Schrei, au Backe,
Selbst kopfüber in die Kacke.

TABAKDOSE IN DER HOSE

Tabakdose in der Hose

Hanswurst trug in seiner Hose
Stets die goldne Tabakdose;
Von dem König ein Geschenk,
Treuer Dienste eingedenk.

Alfred sagte: Diese Dose
Mit der eingravierten Rose
Soll Dir Dein Begleiter sein,
Faßt du in die Hose rein,

Wirst Du an den König denken,
Denn es würde mich schon kränken,
Wenn du irgendwann vergißt,
Wer am Hof dein Gönner ist.

Hanswurst, kannst Du das nicht lassen,
Ständig in die Hose fassen,
Fragte ihn die Adelheid,
Seine Liebschaft grad derzeit.

Nein, ich laß mich nicht beschränken,
Muß doch an den König denken,
Wenn ich in die Hose faß,
Was glaubst du, dann tu ich das;

Das war nun ein harter Brocken,
Adelheid, sie rief erschrocken,
Wenn das so ist, dann good bye,
Hanswurst, Du bist wieder frei.

Der Furunkelalfred

Der Furunkelalfred

König Alfred, hört man munkeln,
Hat am Hintern zwei Furunkeln;
Einen kleinen seitwärts links,
Rechts ein ziemlich großes Dings.

Deshalb kann er links nur sitzen,
Kommt dabei ganz schön ins Schwitzen,
Weil der kleine auch schon sticht,
Und das mag der König nicht.

Hanswurst schien darob betroffen,
Und er meinte, wolln wir hoffen,
Daß die Reifung geht voran,
Dann bin ich der rechte Mann,

Um sie Ihnen auszudrücken,
Und es würde mich beglücken,
Wenn nach all dem Weh und Ach,
Ihre Schmerzen ließen nach.

Doch der König schaute sauer,
Er kannt Hanswurst ja genauer,
Dachte sich, wenn der erst drückt,
Ist er sicherlich entzückt,

Wenn ich mit den Schmerzen ringe,
Vielleicht an die Decke springe;
Das fehlt mir grad noch zum Glück,
Besser, wenn ich selber drück.

Flotter Dreier mit Frau Meier

Flotter Dreier mit Frau Meier

Immer wieder zeigt Hanswurst
Einen großen Wissensdurst,
Und er kann mit seinen Fragen
König Alfred ganz schön plagen.

Kürzlich nun, da fragte er,
Was ein flotter Dreier wär;
Wer denkt, Alfred würd verlegen,
Kriegt zur Antwort, nein, von wegen,

Denn der König sprach mit List,
Ich sag Dir gleich, was das ist;
Hör zu, so ein flotter Dreier
Ist, wenn wir zwei mit Frau Meier

Wieder in das Kino gehn,
Einen flotten Film ansehn;
So wurd Hanswurst hier beschieden,
Und er war damit zufrieden.

Doch die List, das war kein Glück,
Schlug auf Alfred selbst zurück;
Es vergingen ein paar Wochen,
Da wurd Hanswurst angesprochen:

Gestern wart ihr nicht zu Haus,
Kunigunde fragt ihn aus,
Ich rief an um zehn nach sieben,
Wo habt ihr euch rumgetrieben?

Hanswurst drauf: der Abend war
Für uns beide wunderbar,
Denn wir machten mit Frau Meier
Einen richtig flotten Dreier.

Nun ist Kuni wutentbrannt
Zu dem Alfred hingerannt;

Bevor der sich konnt versehen,
War es dann auch schon geschehen.

Sie schlug ihn, man glaubt es nicht,
Mit der Hand in das Gesicht,
Und sie weinte bittre Zähren
Bis er konnt den Fall erklären.

Die Donnerhose

Die Donnerhose

Es war wieder mal soweit,
Endlich Abenteuerzeit,
Eines der Erlebnisziele,
Spannende Indianerspiele.

Diese Spiele von Karl May,
Alfred, Hanswurst mit dabei,
Saßen in der ersten Reihe,
Hörten schon die wilden Schreie

Der Indianer von weit her,
Vorn die Cowboys mit Gewehr;
Kurz darauf ein lautes Schießen,
Männer, die ihr Leben ließen,

Es war eine Schlacht entbrannt,
Alfred hielt des Hanswursts Hand;
Pfeile sind vorbeigeflogen
Als Geschosse von den Bogen.

Diese Spannung war zu groß,
Löste sich in Alfreds Hos,
Und vor Schreck ist durch das Knallen
Winnetou vom Pferd gefallen.

Dieser Vorfall wurd bekannt
Überall im ganzen Land,
König Alfred der Famose
Hieß fortan die Donnerhose.

Das Tattoo

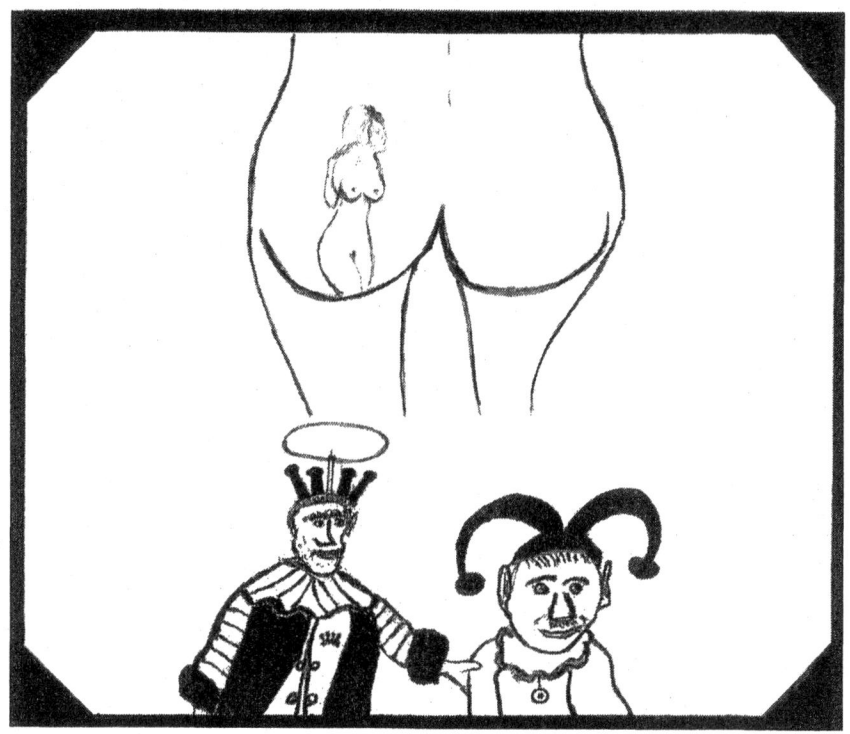

Das Tattoo

Endlich hat der Alfred auch
Nun ein Piercing auf dem Bauch;
Nicht nur das, er trägt dazu
Auf dem Hintern ein Tattoo.

Das Tattoo zeigt eine Frau,
Wirklich schön ihr Oberbau,
Und sie hat rein gar nichts an,
Deshalb schaut fast jeder Mann

Alfred auf sein Hinterteil,
Hanswurst findet das recht geil,
Doch die Frauen schimpfen sehr,
Weil es frauenfeindlich wär.

Diese Frau, sie schaut so nett,
Müßt mit Alfred in sein Bett,
Und im täglichen Verlauf
Säß er oft noch auf ihr drauf.

Dann beim Stuhlgang diese Qual,
Nein, das wäre nicht normal,
Was fiel nur dem Alfred ein,
Ihm mit seinem heilgen Schein,

Als das Kunigunde sah,
War sie einer Ohnmacht nah,
Und sie rief, ganz bleich vor Schreck:
Alfred, das Tattoo muß weg!

Old Kack

Alfred sprach zu seinen Gästen
Wieder mal vom Wilden Westen,
Wie er dort mit seiner Büchse
Schoß die Marder und die Füchse.

Doch was dann kam, kaum zu glauben,
Konnt einem den Atem rauben;
Auf der Lauer hat gelegen
Alfred ohne sich zu regen,

Als ein Stinktier ihn gesehen,
Blieb es direkt vor ihm stehen,
Wollte seinen Schwanz grad heben,
Alfred eine Ladung geben,

Aber Alfred schnell und munter
Zog sich seine Hose runter;
Was nun kam, wolln wir uns schenken,
Kann sich jeder selber denken.

Doch das Stinktier griff zur Nase,
Fiel um wie ein toter Hase;
Dies Ereignis gab im Westen
Man bald überall zum besten.

Aufgrund seiner Fähigkeiten
Wollt mit Alfred niemand streiten,
Und er wurd im ganzen Land
Daraufhin Old Kack genannt.

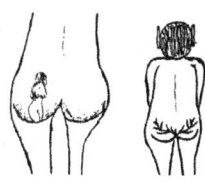

Das Arschgeweih

Hanswurst kam nicht mehr zur Ruh,
Ständig sah er das Tattoo,
Welches Alfreds Hintern zierte,
Was den König nicht genierte.

Nein, sogar im Gegenteil,
Alfred liebte es derweil,
Wenn die Leute blieben stehen,
Um den Hintern anzusehen.

Der war, wie er selbst befand,
Jetzt die Sensation am Strand,
Ungeachtet all der Falten,
Und das schmeichelte dem Alten.

Dies bewirkte mit der Zeit,
Daß bei Hanswurst wuchs der Neid,
Denn er dacht, mit seinem prallen
Hintern müßt er auch gefallen.

Keiner schaute diesen an,
Doch was König Alfred kann
Sollt Hanswurst erst recht gelingen,
Er müßt nur den Anreiz bringen;

Ihm fiel ein, der letzte Schrei,
Wär derzeit ein Arschgeweih;
Das nun ließ sich Hanswurst stechen,
Und auch seinen Mors, den frechen,

Nahm man plötzlich ins Visier,
Alfred sprach: Das gönn ich Dir,
Denn ich kann es gar nicht leiden,
Wenn zwei Ärsche sich beneiden.

Der Hahnentritt

Alfred kann es nicht verstehen,
Daß die Hähne so früh krähen;
Ihm wär's lieber, statt dem Schrei,
Legte auch der Hahn ein Ei.

Alfred überlegte Stunden,
Hat die Lösung drauf gefunden:
Man pflanzt einen Eierstock
Unter seinen Federrock.

Dann würd der Natur entgegen
Auch der Hahn die Eier legen;
Hanswurst war des Lobes voll,
Die Idee ist einfach toll.

Mochte sich der Hahn wohl zieren,
Alfred ließ gleich implantieren,
Und man wartete gespannt
Auf das erste Ei im Land.

Doch man hatte unterdessen
Etwas wichtiges vergessen,
Keiner dachte so weit mit,
Nämlich an den Hahnentritt.

Und der Hahn konnt nicht verstehen,
Welche Wandlung war geschehen,
Deshalb wußte er nicht mehr,
Ob er Hahn, ob Henne wär.

Dies genau war jetzt die Hürde,
Daß er sich selbst treten würde;
Jedes Ei das ging entzwei,
Und heraus kam gelber Brei.

Die Krankenhausromanze

König Alfreds Schwiegervater,
Intendant vom Kack-Theater,
Hatte selbst ein Stück kreiert
Und darauf auch inszeniert.

Eine Krankenhausromanze,
Reichlich mit Gefühl das Ganze,
Ja, man konnte sicher sein,
Dieses Stück schlägt richtig ein.

Doch nur kurz vor der Premiere
Traf ein Schlag mit voller Schwere,
Was mit Mühe war vollbracht,
Schien gefährdet über Nacht.

Niemand kam auf den Gedanken,
Daß auch Schauspieler erkranken,
Dies genau war jetzt geschehn,
Wie sollt es nun weitergehn?

Lieber Alfred, Du mein Bester,
Spiel die alte Krankenschwester,
Die steht Dir gut zu Gesicht,
Alfred widersprich mir nicht.

Du mit Deinen großen Gaben
Wolltest eine Rolle haben,
Endlich ist es nun soweit,
Also Alfred sei bereit,

Sprach sehr ernst der Schwiegervater,
Alfred wollte kein Theater,
Da er drum nicht anders kann,
Nahm er diese Rolle an.

Dann war Hanswurst an der Reihe,
Er, der absolute Laie,
War im Handumdrehen in,
Fürs Theater ein Gewinn.

Er, mit seiner großen Gummel,
Spielt versiert den Doktor Fummel,
Und das Stück mit diesen zwein
Bracht das Publikum zum schrein.

Der Samenspender

Alfred Kack dem edlen Spender,
Der fast heilig wurd, fiel ein,
Daß er schließlich selbst ein Sender
Für den heilgen Geist könnt sein.

Nicht nur mit den guten Worten,
Die er für die Zeitung fand,
Nein, er dachte an Retorten-
Babies für das ganze Land.

Und zwar aus der Symbiose
Mit ihm unbekannten Fraun,
Als Produkt aus seiner Hose,
Sicher herrlich anzuschaun.

Von dem eignen Geist durchdrungen
Zur Veränderung der Welt,
Menschen, die wie er gelungen,
Hatte er sich vorgestellt.

So begann man zu versenden
König Alfreds heilgen Geist,
In der Form von Samenspenden,
Sehr erfolgreich, wie es heißt.

König Alfreds Revier

Mittlerweile dürft man wissen,
Wie ich wurde angeschissen
In dem Haus von Alfred Kack,
Ja, der Kack der alte Sack

Darf den eignen Gast entehren,
Mag der sich auch noch so wehren,
Das bekommt ihm höchstens schlecht,
Kack bekommt hier immer Recht,

Denn die Herren Richter lachen
Über Alfreds krumme Sachen,
Deshalb sag ich: Aufgepaßt!
Bist Du König Alfreds Gast,

Kann's Dir so wie mir ergehen,
Es empfiehlt sich, das zu sehen,
Denn sonst fliegst auch Du hinaus
Aus dem ehrenwerten Haus.

Ratsam wär es unterdessen,
Denn die Menschen sie vergessen,
Das gilt ziemlich allgemein,
Allzu leicht, was sollt nicht sein,

Zu beschildern alle Türen,
Die in Alfreds Gasthaus führen,
Um zu warnen jedermann
Vor dem was passieren kann.

Ich hätt deshalb vorzuschlagen,
Daß die Schilder dies aussagen:
Vorsicht, Sie betreten hier
König Alfreds Kack-Revier!

Die Friseuse macht ihn böse

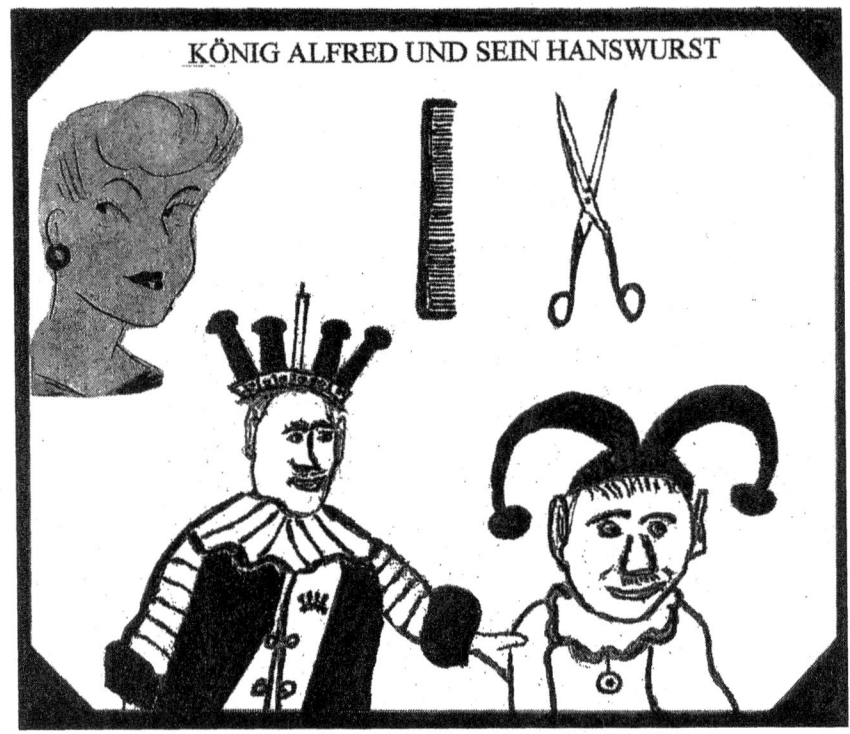

Die Friseuse macht ihn böse

König Alfred, der war böse,
Mit der Arbeit der Friscuse;
Ach, was hatte er gelitten,
Zu viel Haar wurd abgeschnitten.

Schmunzeln sah er die Lakaien,
Nein, das war nicht zu verzeihen,
Ohne seine schöne Tolle
Fiel er förmlich aus der Rolle;

Und er fand auch noch und nöcher,
An den Seiten ganze Löcher;

Groß wurd jetzt sein Unbehagen,
Was würd man zu Hause sagen,

Vor dem Schloß in seinem Garten,
Sah er seinen Hund schon warten,
Und der wollte fort grad rennen,
Doch da konnt er ihn erkennen.

Dann ging es zu seinen Frauen,
Diese sprachen nach dem Schauen:
Alfred man hat dich geschoren,
Du siehst aus wie'n Arsch mit Ohren.

Die Lecknase

Die Lecknase

Alfred Kack, der alte Hase,
War verschnupft, und seine Nase
Von der Grippe angesteckt,
Hat wie'n Wasserhahn geleckt.

Als Alfred beim Mittagessen
Mit Hanswurst am Tisch gesessen,
Schaute der zum König hin,
So, als hätt er was im Sinn.

Hanswurst dachte, mir ist's schnuppe,
Falln die Tropfen in die Suppe
Ist das wie beim Kreis der Lauf,
Er gibt sie und nimmt sie auf.

Doch ißt Alfred nicht bald schneller,
Wird er niemals leer der Teller,
Und verflucht, dann sitzen wir
Auch noch heute abend hier.

So konnt das nicht weitergehen,
Deshalb mußte was geschehen,
Mit dem üblichen Geschick
Fand er dafür einen Trick.

Er sprach: Tropfen aus der Nase,
Sie verätzen Ihre Blase,
Lassen Sie die Suppe stehn
Und uns in die Sauna gehn.

Schweinepriester auf dem Mars

Alfred saß auf der Terrasse
Und sah eine Untertasse
Wie sie um die Ecke bog,
Direkt auf sein Haus zuflog.

Sie flog tiefer, sie kam runter,
Alfred dachte, das wird munter,
Dann im weiteren Verlauf
Setzte sie kurz vor ihm auf.

Nun befiel ihn doch ein Schrecken,
Sollte er sich schnell verstecken?
Zu spät, eh er sich versah,
War auch schon ein Marsmensch da,

Um dem Alfred zu bekunden:
Endlich hab ich Sie gefunden,
Sie sind ganz genau der Mann,
Den man bei uns brauchen kann.

Sie mit Ihrem heilgen Scheine
Als der Hüter unsrer Schweine
Sind für uns die erste Wahl,
Überlegen Sie das mal.

Schweinepriester bei uns werden
Zählt weit mehr als hier auf Erden
So wie Sie ein König sein,
König mit dem falschen Schein.

Der Kackverein

Alfred Kack ist kein bequemer
Doch ein großer Unternehmer,
Weil er so schön Geld vermehrt,
Von den anderen verehrt.

Deshalb hat man ihn gepriesen
Als den Unternehmerriesen
Mit der, ja man ahnt es schon,
Unternehmerleitfunktion.

Wie er die Probleme meistert,
Unternehmer sind begeistert,
Wer nicht spurt in seinem Haus,
Den wirft er sofort hinaus.

Und so kann man gut verstehen,
Junge Unternehmer sehen
In dem Herrn Kack ein Vorbild,
Dem es nachzueifern gilt.

Jetzt nun ließen sie verkünden,
Da sie ihm so nahe stünden,
Gründen sie den Kackverein,
Alfred soll der Schirmherr sein.

Der Drachentöter

Alfred fühlte beim Erwachen
Sich im Magen richtig flau;
Nach dem Kampf mit einem Drachen
Wußte er nicht mehr genau,

Ob ihm kam ein Bein abhanden
Bei dem fürchterlichen Biß,
Als ihm seine Sinne schwanden,
Und es ihn vom Pferde riß.

Doch zugleich traf seine Lanze
Mitten in des Drachens Herz,
Der schlug nochmal mit dem Schwanze,
Brüllte und verstarb im Schmerz.

Da hat Alfred sich besonnen,
Langsam wurde ihm nun klar,
Daß, obgleich der Kampf gewonnen,
Alles doch ein Traum nur war.

Auch das Bein war noch am Platze,
Alfred wurde wieder froh,
Er sprang auf mit einem Satze
Und begab sich auf sein Klo.

Die Kack-Maschine

Heut auf der Erfindermesse
Galt erneut das Hauptinteresse
Alfred Kack, er würde reden,
Faszinierte einfach jeden.

Und er sprach: Ich bin nicht minder
Als die Großen ein Erfinder,
Hab sogar den Dreh gefunden,
Daß die Richter nicht erkunden,

Ob ich auftisch eine Lüge,
Niemals gibt es eine Rüge,
Weil sie wissen, im Erfinden,
Bin ich nicht zu überwinden.

Auch in technischen Bereichen
Schaff ich Neues ohnegleichen,
Was ich grade laß entstehen,
Hat die Welt noch nicht gesehen.

Nur, die nähren Einzelheiten
Möcht ich hier noch nicht verbreiten,
Die solln später Sie erfahren,
Ich denk so in ein, zwei Jahren.

Doch verrat ich gern den werten
Namen, den wir ihr verehrten;
Nach dem Schöpfer, den Sie kennen,
Werden wir sie auch benennen.

Sie, um die sich alle reißen,
Soll die »Kack-Maschine« heißen;
Da begann der Saal zu beben,
Und man schrie: Herr Kack soll leben!

Hier werden Sie geholfen

Weiß des Königs Furz nicht weiter,
Sinkt noch lange nicht sein Mut,
Nein, er wird sogar noch heiter,
Der Gedanke tut ihm gut.

An Frau Feldbusch muß er denken
Die, er glaubt ganz fest daran,
Wird bestimmt ihr Ohr ihm schenken,
Und ihm sicher helfen kann.

Er braucht nur die Nummer wählen,
Die im Fernsehn sie gab kund,
Sein Problem ihr dann erzählen,
Dem sie gleich geht auf den Grund.

Neulich wollt er sie befragen,
Rief sie an, hier ist Ihr Furz,
Mir liegt etwas auf dem Magen,
Ihre Antwort war sehr kurz:

Sehn Sie zu, daß Sie verduften,
Das ist, was ich raten kann,
Früh bis spät bin ich am Schuften,
Machen Sie mich nicht mehr an!

Kackwurst gefällig?

Mit dem Namen Mock verbunden,
War die Wurst, die er erfunden
Darf ich nun, nach seinen Klagen,
Zu der Wurst noch Mockwurst sagen,

Oder muß sie, möcht ich fragen,
Auch den neuen Namen tragen?
Um hier Unbill zu vermeiden,
Sollten Richter dies entscheiden,

Denn wer will schon, könnt es heißen,
Gern in eine Kackwurst beißen
Und, wenngleich auch gut bemessen,
Dazu Kacksalate essen.

Ich glaub, hätt hier Kack zu wählen,
Daß die Umsatzzahlen zählen,
Da wird er, leicht zu begreifen,
Sogar auf den Namen pfeifen.

Also gilt es abzuwarten,
Nicht mit einem Fehler starten;
Mög er sich drum frei bekennen,
Den gewünschten Namen nennen!

 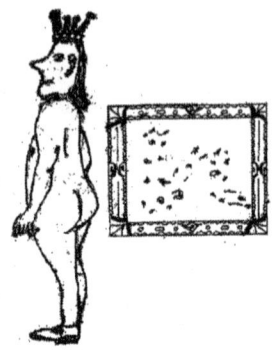

Der kalte Hintern

König Alfred leiht sein Ohr,
Weil sein Hintern so leicht fror,
Der Frau, die in dem Bericht,
Täglich übers Wetter spricht.

Danach trifft er den Entscheid
Jeweils für das Hosenkleid,
Das der Witterung gemäß
Soll erwärmen sein Gesäß.

Alfred, was man leicht vergißt,
Ist der größte Popoist;
Kunst gelingt ihm aber nur
Wenn sie stimmt, die Temperatur.

So hält er für jede Zeit
Auch das rechte Kleid bereit;
Scheint die Sonne richtig heiß,
Läßt er Luft an seinen Steiß;

Sonst muß es aus Wolle sein,
Vom Gesäß bis hin zum Bein,
Doch ganz ohne den Bericht
Klappt die Feinabstimmung nicht.

Das neue Kackhaus

Ole hat mit Kack dem Großen
Auf die Zukunft angestoßen,
Als er ganz ergriffen schaute,
Was der alte Kack jetzt baute.

Eine solche große Grube
Nahe Hamburgs guter Stube,
Dort soll ein Hotel entstehen,
Wie man es noch nie gesehen.

Alfred möchte dafür gerne
Mindestens die sieben Sterne,
Dazu, das ist sein Bestreben,
Damit Hamburgs Ansehn heben.

Wenn der alte Kack das meistert,
Ole war total begeistert,
Hätt auch er dadurch gewonnen,
Könnt in dessen Glanz sich sonnen,

Denn das Kackhaus soll auf Erden
Wirklich einzigartig werden,
Und auch Ole hat noch viele
Ziemlich hochgesteckte Ziele.

Der Hecht

Alfred Kack, der alte Stinker,
Hatte plötzlich an dem Blinker
Einen ziemlich großen Hecht,
Dachte, der gefällt mir echt.

Den bekommt der Schwiegervater
Oder aber auch mein Kater;
Fisch ist besser als die Maus
Für den lieben Stanislaus.

Kopf und Schwanz erhielt der Vater
Und das Mittelstück der Kater,
Das schien Alfred Kack gerecht,
Doch dem Vater wurde schlecht,

Und er sagte sehr verdrossen:
Nächstens krieg ich nur die Flossen
Alfred, das war gar nicht nett,
Du bekommst auch noch dein Fett.

Alfreds Schwiegervater murrte,
Stanislaus dagegen schnurrte,
Er schlief, kann es anders sein,
Nach dem Mahl zufrieden ein.

Die Wasserleiche

Die Wasserleiche

König Alfred lag im Teiche,
Still wie eine Wasserleiche;
Dies nun war sein neuster Trick,
Trotz der Starre im Genick

Hat er dort ganz ruhig gelegen
Ohne etwas zu bewegen,
Denn er wußte, daß der Aal,
Für den war das nur normal,

Würd mit Vorsicht sich anschleichen
Und sich gütlich tun an Leichen;
Dann, das war dabei der Kniff,
Zugepackt, ein fester Griff

Und schon hätt auf diese Weise,
Alfred seine Mittagsspeise;
Doch der Aal, das war gemein,
Kroch ihm in den Hintern rein.

Aus dem Wasser sprang vor Schrecken
Alfred, doch der Aal blieb stecken,
Und mit einemRiesenschwanz
Hüpfte Alfred wie beim Tanz

Kreuz und quer durch das Gelände,
Seine Magd schlug sich die Hände
Übern Kopf als sie das sah,
Und schrie, gleich ist Hilfe da.

Von des Königs Schwanz die Kunde
Machte rasend schnell die Runde,
Mit dem Löffel in der Hand
Kam zuerst der Koch gerannt,
Hat den Aal herausgezogen,
Diesen in der Hand gewogen,
Sah den König an und sprach:
Das macht Ihnen keiner nach!

Tanz in den Mai

Alfred Kack, der alte Sack,
Trieb mit Hanswurst Schabernack,
Zog ihn ständig an dem Schwanz
Von dem Frack beim Maientanz.

Alfred, doch ansonsten kühl,
War's vom Frühling das Gefühl,
Das ihn derart übermannt,
Keiner hat ihn so gekannt.

Hanswurst fand das nicht so gut,
König Alfreds Übermut
Kam ihm ziemlich albern vor,
Und da zog er ihn am Ohr.

Das war offenbar zu viel,
Es kam Ernst ins Frühlingsspiel,
König Alfred wurd gemein,
Stellte Hanswurst nun ein Bein.

Wirklich, das war gar nicht nett,
Hanswurst knallte aufs Parkett
Und schrie wütend im Verdruß,
König Alfred jetzt ist Schluß.

Mir verging die Lust am Tanz,
Ziehn Sie sich am eignen Schwanz,
Zeigt der Frühling dies Gesicht,
Fühl ich mich nicht in der Pflicht.

Im Gleichschritt marsch!

Gleichschritt marsch! Gleichschritt marsch!
Sonst tritt Kack Euch in den Arsch;
Furz marschiert im ersten Glied,
Singt: Kack ist des Glückes Schmied,

Alle müßt Ihr das kapieren
Und im Gleichschritt mitmarschieren;
Hört doch nur den Hanswurst grölen,
Man könnt richtig sich beölen.

Gleich im Schritt, gleich im Schritt,
So marschiern die Richter mit,
Hinter Furz im zweiten Glied
Singen sie des Königs Lied:

König Alfred, er soll leben
Und uns seine Würste geben;
Er kann sich auf uns verlassen,
Alfred lebe! Hoch die Tassen!

Dieser Schritt, dieser Schritt
Reißt die Staatsanwälte mit,
Sie verbeugen, wie man sieht,
Sich vor Kack im dritten Glied.

Nur so weiter, sich nicht zieren
Und im Gleichschritt mitmarschieren,
Nur so weiter, nur so weiter,
Denn der Gleichschritt, er stimmt heiter.

Die Selbsterkenntnis

Als Herr Alfred sich erkannte
In den Versen, darauf rannte
Hin zum hohen Landgerichte
Ging sie weiter die Geschichte.

Die Erkenntnis könnt ihm schaden,
Ging das Selbstbewußtsein baden,
Ständ er da, er der Famose,
Wie ein König ohne Hose.

Und er müßte sich dann schämen,
Ließ Herr Alfred sich vernehmen.
Das war nun ein harter Brocken,
Selbst die Richter warn erschrocken,

Denn ein König unten ohne
Wär noch schlimmer als mit Krone;
Alfred ohne Hose wandeln,
Nein, da mußten sie doch handeln.

Brauchten nicht viel auszuloten,
Manch ein Vers wurd gleich verboten,
Vor den vorgehaltnen Spiegel
Schoben sie schnell einen Riegel.

So wurd außer Acht gelassen,
Was sich etwa so läßt fassen:
Selbsterkenntnis öffnet Türen,
Die zur Besserung hinführen.

Röhrchenblasen

Röhrchenblasen

Alfred Kack, geblitzt beim Rasen,
Sollte in das Röhrchen blasen,
Doch er rief, Du meine Güte,
Das kommt gar nicht in die Tüte.

Nach zwei Halben und drei Kurzen
Kann ich in die Röhre furzen;
Rümpfen sie nicht Ihre Nase,
Ich entscheide, wann ich blase.

Darf ich Sie mal unterbrechen,
Wer sind Sie, daß Sie so sprechen?

Nach den Worten, Ihren frechen,
Müssen Sie jetzt richtig blechen.

Jeder Herr und jede Dame
Kennt mich, Alfred ist mein Name,
Ich bin König hier im Lande,
Wahrlich, es ist eine Schande,

Daß Sie das im Ernst nicht wissen,
Sollten lieber sich verpissen,
Bei dem Einfluß, der mir eigen,
Bring ich Sie sonst ganz zum Schweigen.

Der Saunakönig

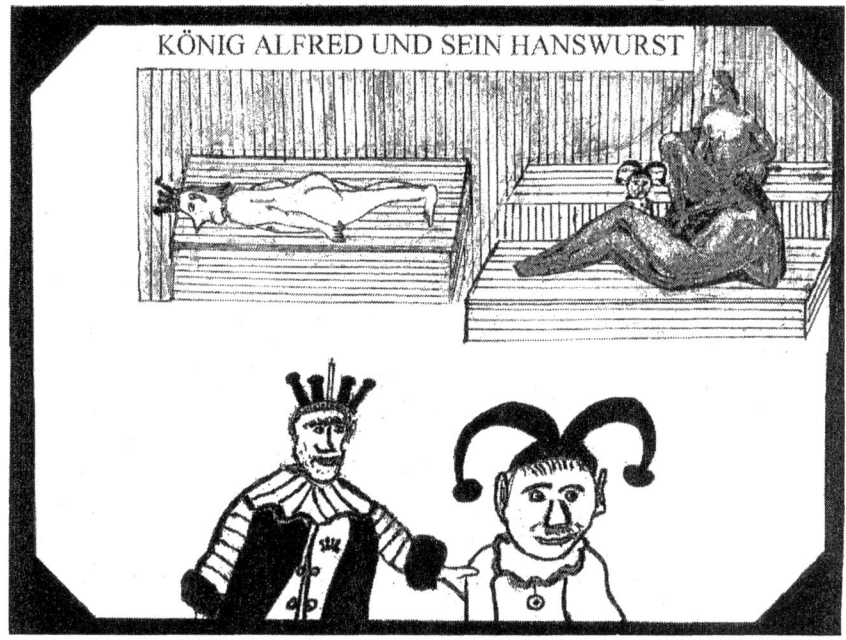

Der Saunakönig

Durch die Sauna ging ein Raunen,
König Alfred kommt zum Saunen;
Stetig wuchs die Ungeduld,
Mit Kack saunen, das war Kult.

Und es tuschelten die Frauen,
Welche würd er wohl anschauen,
Welcher zwinkerte er zu?
König Alfred, der Filou.

Neben welcher würd er sitzen,
Welche mit dem Schlauch abspritzen?

Ach, wie lang wurd doch die Zeit,
Endlich war es dann soweit.

Alfred Kack hat nach dem Beten
Seinen Wellnesssaal betreten,
Mit dem Hanswurst an der Hand,
Alle blickten wie gebannt.

Es begann der Wellnessreigen,
Wieder konnte Alfred zeigen,
Daß er, was man leicht vergißt,
Auch beim Saunen König ist.

Die Kostentheorie

Viel zu teuer ist der Sprit,
Deshalb fahren wir zu dritt,
Denn so dritteln wir den Posten
Der Benzin- und sonstgen Kosten.

Rechnen wir dazu den Hund,
Sparn wir noch ein zehntel rund,
So mein Hanswurst kann man sparen,
Heute auch noch günstig fahren.

Und den Grund, den legte sie,
Meine Kostentheorie.
Sie nützt neben andren Dingen,
Ließ mein großes Werk gelingen.

Nun Hanswurst, da bist Du stumm,
Ja, bei mir stirbt man nicht dumm,
Hole jetzt die Kunigunde,
Wir fahrn über eine Stunde.

Du sitzt dann auf ihrem Schoß,
Hanswurst und sei artig bloß;
Dieses hab ich Dir zu sagen,
Hast Du dazu vielleicht Fragen?

Nein, die Last der Theorie
Drückt bei ihr auf Bauch und Knie,
Läßt sie dadurch einen fahren,
Schweige ich und denk ans Sparen.

Des Königs neue Hose

König Alfred kam vom Schneider,
Doch die Hose rutschte leider,
Die ihm grad ward angemessen,
Auch zwei Knöpfe warn vergessen.

Hanswurst brülllte los vor Lachen,
Die Figur, die Sie jetzt machen,
Ist nicht ziemlich für Ihr Alter,
Ich hol einen Hosenhalter.

Und sieh da, Ihr Schlitz steht offen,
Da möcht ich nun wirklich hoffen,
Daß die Zofe nichts gesehen,
Sie könnt das glatt falsch verstehen.

Haben Sie's auch nicht befohlen,
Ich werd Zwirn und Nadel holen
Und zwei Knöpfe, schließ die Ritze,
Daß nichts rausschaut aus dem Schlitze.

Da rief Alfred: Leider, leider
Ist ein Arschloch dieser Schneider,
Doch ich geh nicht ohne Kleider,
Lieber wechsel ich den Schneider.

Der hinterhältige Hanswurst

Listenreich wie Hanswurst ist,
Hat er Waldi angepißt,
Tückisch aus dem Hinterhalt
Und dem offnen Hosenspalt.

Waldi schimpfte, was ist das,
Es riecht streng, macht mich ganz naß,
Als er dann den Hanswurst sah,
War er einer Ohnmacht nah.

Hanswurst dacht' er, dieses Schwein
Pißt und hebt nicht mal sein Bein,
Wenn der König es erfährt,
Daß Hanswurst die Blase leert

Über seinem Waldi dann
Macht er dich zur Minna Mann,
Und noch ganz verwirrt im Sinn
Lief er zu dem König hin.

Was nun folgte, war kein Spaß,
Als der die Leviten las
Hanswurst, den das nächste Mal
Trifft des Königs harter Strahl.

Der große Geiger

Alfred Kack will allen zeigen,
Daß er immer noch beim Geigen
Nach wie vor steht seinen Mann,
Der vortrefflich geigen kann.

Und so spielt er auch im Reigen
Eine von den ersten Geigen,
Immer wenn der Anstand schweigt,
Hat sein Können er gezeigt.

Es fing schon an bei den Kleinen,
Stets heißt es, dem geig ich einen,
Wenn er nicht ganz schnell kapiert,
Daß im Gleichschritt wird marschiert.

Und in seinem Haus, den Großen
Hat er vor den Kopf gestoßen,
Gleich die Geige, voller Wucht,
Schlug sie damit in die Flucht.

Auch mal mit dem Geigenkasten,
Wenn sie plötzlich ihm nicht paßten,
Als der große Mann von Welt
Geigt er wie es ihm gefällt.

Ich sag nicht, oh nein, ich schweige
So spielt wahrlich die Arschgeige,
Denken darf man, sagen nicht,
Sonst gibt's Ärger vom Gericht.

Das Neujahrskonzert

Alfred dirigiert Silvester
Selbst das große Kack-Orchester
Mit den Herren und den Damen,
Dies Jahr im besondren Rahmen.

Aus den allerfeinsten Kreisen
Sollen Gäste bald anreisen,
Und das Neujahrskonzert hören,
Andre würden auch nur stören.

Es vollzieht zum ersten Male
Sich im neuen Marmorsaale;
Alfred schwärmt, macht das die Runde,
Sind wir rasch in aller Munde;

Erst beginnt der Saal zu toben,
Dann wird uns ganz Deutschland loben;
Um die Stimmung noch zu heben,
Sollten Sie zum Besten geben,

Dies war Hanswurst eingefallen,
Wenn Sie aus der Hose knallen,
Das wär ein brillanter Schluß,
So ein starker Böllerschuß.

Wok für Bock

Überraschend, ja ad hoc
Griff der Hanswurst untern Rock
Alfreds Köchin, und die schrie,
Hanswurst, Mensch, was machen Sie?

Wissen Sie ich hatte Bock,
Was versteckt sie unterm Rock?
Ließ mir einfach keine Ruh',
Deshalb griff ich einmal zu.

Wenn Du Dich nochmal vergißt,
Weißt Du nicht mehr was Du bist,
Nämlich Mann oder auch Frau,
Dies passiert dann ganz genau:

Du hast niemals wieder Bock,
Denn ich schlage mit dem Wok
Dir den dummen Schädel ein,
Also Hanswurst laß das sein.

Das nun war ein bißchen viel,
Hanswurst dacht' es wär ein Spiel
Und die Köchin wär entzückt,
Doch die Alte spielt verrückt.

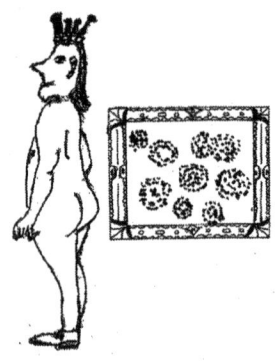

Pop-art

Pop-art, Alfred wollt's nicht fassen,
Wie konnt's sein, daß sie die Massen
So in ihre Richtung lenkt,
Irgendwie war er gekränkt.

Seine Leistung ohnegleichen
Würd kein Popartist erreichen,
Und so offen wie er war,
Stellte er eindeutig klar:

Was sind schon die Popartisten
Gegen Alfred, den beim Twisten,
Bei dem Tanz als Popoist,
Man ganz sicher nie vergißt,

Wenn die Kunst er würd gestalten
Aus dem Hintern trotz der Falten,
Gäb er wirklich alles her,
Ihm verblieb rein gar nichts mehr.

Nach dem Mahl, dem Trank von Säften,
Käm er erst zu neuen Kräften,
Im Vergleich, sprach er salopp,
Wär ein Pup nur dieser Pop.

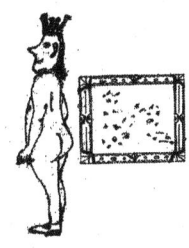

Der Obermacker

Alfred wurde Obermacker
In der Hierarchie der Kacker;
Man muß sagen, diese Ehr,
Die gebührte niemand mehr

Als dem Alfred, der als Kacker
Hat der Kunst bestellt den Acker,
Mit dem Popoismus, der
Ohne ihn nicht denkbar wär.

Sei es auch, daß beim Betrachten
Seiner Werke manche lachten,
Er hat seinen Weg gemacht,
Und es hat sich ausgelacht.

Heute wird er ernst genommen,
Hat so manchen Preis bekommen,
Schließlich, das ist doch ein Wort,
Wurde er sogar ein Lord.

Um ihn von der Spreu zu trennen,
Durfte er Lord Kack sich nennen,
Damit ist er anerkannt
Wie kein Künstler sonst im Land.

Also wurd er Obermacker.
Und er meint, so wie ich racker,
Kann in unserem Verein,
Außer mir das niemand sein.

Lied fürs Glied

Lied fürs Glied

Alfred war mit Hanswurst wandern,
Sang dabei ein fröhlich Lied,
Setzte einen Fuß vorn andern,
Hanswurst faßte an sein Glied.

Immer bei den hohen Tönen
Zog er dran und ließ es los
Bei den tiefen, rief beim Stöhnen,
Seht, das Glied wird schon ganz groß.

Alfred fand das nicht so heiter,
Und er sagte, laß das sein,
Denn sonst singe ich nicht weiter,
Hanswurst drauf: Das ist gemein.

Gönnen Sie mir das Vergnügen,
Unser Leben ist so kurz,
Ich tat Sie auch niemals rügen,
Wenn Sie ließen einen Furz.

Da hat Alfred sich besonnen,
Stimmte an ein neues Lied,
Hanswurst, ja Du hast gewonnen,
Zieh nur weiter an dem Glied.

König Alfreds Saumagen

König Alfreds Saumagen

Ja, da kann man jeden fragen,
Daß von einer Sau den Magen,
Mit dem allergrößten Spaß,
König Alfred sonntags aß.

Warum von der Sau der Magen
Gab ihm dieses Wohlbehagen,
War vom Grund her nicht bekannt,
Hanswurst war deshalb gespannt,

Von dem König zu erfahren,
Welche Gründe es wohl waren,
Daß der König, der so schlau,
Aß den Magen von der Sau.

Alfred hatte gute Laune,
Sprach: Hanswurst hör zu und staune,
Alles was Dein König macht,
Ist wie immer gut durchdacht.

Was von einer Sau der Magen
Kann verkraften und vertragen,
Zeigt mir, der ist sehr gesund,
Und das ist für mich der Grund,

Um ihn mir einzuverleiben,
So werd ich gesund auch bleiben,
Denn es heißt, daß, was Du ißt,
Du im tiefsten Sinne bist.

Da hielt König Alfred inne,
Hanswurst drauf: Im tiefsten Sinne,
Wär'n Sie dann ja eine Sau,
Alfred machte nun Radau.

Hanswurst, Deinem krausen Denken,
Kann ich keinen Beifall schenken,
Das Gespräch ist hiermit aus,
Hanswurst, und nun aber raus.

König Alfred bei den Affen

König Alfred bei den Affen

König Alfred und Frau Teege
Vor dem Paviangehege,
Schauten dort den Affen zu,
Und die gaben keine Ruh;

Spielten miteinander Fangen,
Hüpften über all die Stangen,
Einer hinterm andern her
Durchs Gehege kreuz und quer.

Trotz Geschrei und dem Getöse
Waren sie sich gar nicht böse,
Nein, es schien, sie warn nur geil
Auf des andern Hinterteil.

Ja, es war schon eine Wonne,
Wie das glänzte in der Sonne,
So, daß auch Frau Teege fand,
Das ist wirklich imposant.

Und sie sprach, ich möchte wetten,
Wenn Sie solchen Hintern hätten,
Würden Sie, mein König sehn,
Könnt auch ich nicht widerstehn.

Schau ich aber hin genauer,
Steht Ihr Hintereil in Trauer,
Und statt einer Affenlust
Überkommt mich nur der Frust.

Waldi ist tabu

Hanswurst, Deine Dreistigkeit
Geht allmählich mir zu weit;
Pinkelst meinen Dackel an,
Der sich nicht mehr wehren kann.

Lachst dabei ins Fäustchen dir,
Waldi kam danach zu mir,
Schaute drein noch ganz verstört,
Hanswurst, das ist unerhört.

Erst als ich ihn trockenrieb,
Wurd er langsam wieder lieb:
Hanswurst, machst Du das noch mal,
Zieh ich blank, Dich trifft mein Strahl,

Den vergißt Du wirklich nie,
Darauf meine Garantie.
Pinkelst Du dem Gast ans Bein,
Ist das sicher auch nicht fein,

Und Du weißt, aus gutem Grund
Halte ich da meinen Mund,
Aber Waldi laß in Ruh,
Der ist absolut tabu.

Der frivole Hanswurst

Trinkt der Hanswurst Alkohol
Wird er danach ganz frivol,
So daß die Frivolität
Alfred auf die Nerrven geht.

Neulich legte Hanswurst los:
König Alfred ist zwar groß,
Doch sein Eumel in der Hos'
Mißt fünf Zentimeter bloß.

Gegen Alfred bin ich klein,
Trag auch keinen Heilgenschein,
Dafür gilt mein Eumel schon
Bei den Fraun als Sensation.

So heißt es mit vollem Recht,
Hanswurst ist ein toller Hecht,
Weil er wie im Karpfenteich
Findet immer Beute reich.

Hat man so was schon gehört,
König Alfred war empört,
Was denn nur in aller Welt
Hatte Hanswurst angestellt.

Seinen König so zu schmähn,
War ein sträfliches Vergehn,
So bekam, und das tat not,
Hanswurst Alkoholverbot.

Das grosse Schnüffeln

Das große Schnüffeln

Hotel Alfred ist bekannt
Als ein wahres Schnüffelland;
In dem Hotel der fünf Sterne
Schnüffeln Leute allzu gerne;

Jeder so, wie es ihm passt,
Angefangen mit dem Gast,
Der beim Schnüffeln, sehr durchtrieben,
Sich mit Handtüchern gerieben,

Die ein andrer schweißdurchtränkt
In den Wäschekorb gehängt;
Alfred schnüffelt nicht an kleinen,
Sondern nur an großen Scheinen,

Weil das Schnüffeln an dem Geld
Ihm besonders gut gefällt;
Dieser Duft würd ihn erheben,
Ließ ihn wie auf Wolken schweben.

Manche wieder schnüffeln Schnee,
Meist jedoch auf dem WC
Oder auch in dunklen Ecken,
Wo sie tunlichst sich verstecken.

Dieses Schnüffeln, zum Verstehn,
Muß nun mal nicht jeder sehn;
Doch es wär nicht angemessen,
Hier den Hanswurst zu vergessen,

Denn er schnüffelt wohl derweil
An des Königs Hinterteil,
Es sei denn, er schnüffelt grade
Hinter Gästen her im Bade.

Der Samenklau

Hanswurst der sich so gefällt
Als der große Frauenheld,
Pflegte selbst den Kammerfrauen
Gerne untern Rock zu schauen.

Doch so eine Kammerfrau
Ist auch manchmal ganz schön schlau,
Für Hanswurst begann der Jammer
Dann in einer Wäschekammer.

Die gewiefte Kammerfrau
Spielte nämlich Samenklau;
Wollt auf Brechen und auf Biegen
Ein Hanswürstchen von ihm kriegen.

Sie bekam das Würstchen auch,
Da stand Hanswurst auf dem Schlauch,
Konnt sich nicht daran gewöhnen,
Daß er obendrein sollt löhnen.

Selbst aus König Alfreds Sicht
Stand der Hanswurst in der Pflicht,
Wird nun, wenn auch unter Qualen,
Bis er grau wird dafür zahlen.

Der heilige Kack

Alfred als ein Mann von Welt
Wurde ganz groß rausgestellt;
Daß Journale übertreiben,
Wenn sie über Alfred schreiben,

Etwas abseits vom Verstand,
Ist in Hamburg wohl bekannt.
Längst vergangen sind die Zeiten,
Nachricht sachlich zu verbreiten

Wie einst, hanseatisch kühl,
Heut schreibt man mit viel Gefühl;
So wurd Alfred mit der Krone
Eine Hamburger Ikone,

Auf dem Haupt ein Heilgenschein,
Soll uns allen Vorbild sein;
Schließlich wolln wir nicht vergessen
Auch die Wirtschaftsinteressen.

Alfred mit dem Bockwursthaus
Kommt da wirklich ganz groß raus;
So entstand die Symbiose,
Unser Alfred der Famose

Wurd gekürt zum heilgen Kack,
Ja, die Presse ist auf Zack,
Weil der Alfred, wie sie findet,
Heil und Wirtschaft eng verbindet.

Das Kochbuch

Hätte Alfred, Koch geheißen,
Würd man sich um mein Buch reißen,
Weil es dann vom Namen her
Schon ein echter Knüller wär.

Geht's ums Essen und ums Saufen,
Läßt sich alles gut verkaufen,
Und es gäbe sicher Zank,
Ständ das Kochbuch nicht im Schrank.

Gibt's beim Kackbuch nichts zu beißen,
Kann man's in die Ecke schmeißen,
Von dem Kochbuch, wenig geil,
Bildet es das Gegenteil.

Denn beim Trinken und beim Essen
Möcht man's Denken gern vergessen,
Und das Kackbuch gibt doch bloß
Einen neuen Denkanstoß.

Weshalb also sich verrenken,
Wir wolln uns das Denken schenken,
Deshalb steckt auch Alfred Kack
Alle andern in den Sack.

Kack Du hast die Ehr' gestohlen

Kack Du hast die Ehr' gestohlen,
Leugne nun nicht mehr, Leugne nun nicht mehr,
Sonst wird Dich der Teufel holen,
Gibt Dich nie mehr her,
Sonst wird Dich der Teufel holen,
Gibt Dich nie mehr her.

Kack Du mußt die Wahrheit sagen,
Sie kommt doch ans Licht, sie kommt doch ans Licht,
Sonst wird Dich der Teufel jagen,
Darum säume nicht,
Sonst wird Dich der Teufel jagen,
Darum säume nicht.

Kack laß Dir im Guten raten,
Kurz ist Deine Zeit, kurz ist Deine Zeit,
Wirst sonst in der Hölle braten
Bis in Ewigkeit,
Wirst sonst in der Hölle braten
Bis in Ewigkeit.

Oben ohne, unten ohne

Oben ohne, unten ohne

Oben ohne, unten ohne,
Oben fehlt ihm seine Krone,
Unten fehlt ihm seine Kraft,
Ja, der Alfred ist geschafft.

Alfred wollte Macht entfalten,
Konnt die Krone so nicht halten;
Zu viel Macht und Übermut,
Tuen nämlich selten gut.

Nun schaut Alfred, der einst fesche,
Ziemlich traurig aus der Wäsche,
Denn inzwischen wurd er alt,
Spürt, es wird ganz langsam kalt.

Körperliche Kräfte schwinden,
Das läßt sich nicht unterbinden,
Und der einst so rege Geist,
Ist zum Teil schon abgereist.

Man beginnt sich jetzt zu fragen,
Wie wird Alfred das ertragen,
Wenn er plötzlich selbst erkennt,
Oh weh, ich werd impotent.

Alfred Kack will seinen Pimmel

KÖNIG ALFRED UND SEIN HANSWURST

Alfred Kack will seinen Pimmel

Alfred Kack kam in den Himmel,
Sah sich an, wo ist mein Pimmel?
Fragte er den lieben Gott,
Nun, der liegt jetzt auf dem Schrott.

Hier gibt's keine Staralllüren,
Kannst die Engel nicht verführen,
Keine Pimmel, keine Muschen,
Und kein Ärger so beim Duschen.

Das wollt Alfred nicht behagen,
Er kam gleich mit weitren Fragen,
Ist da nichts mehr anzufassen,
Wie soll ich dann Wasser lassen?

Ja, selbst dieses konnt ich lösen,
Ein Problem mit Haken, Ösen;
Alfred, brauchst nicht zweifelnd schauen,
Mußt mir einfach nur vertrauen.

Würd ich in die Hölle kommen,
Hätt man ihn mir auch genommen?
Das ist anders als im Himmel,
Dort behält man seinen Pimmel.

Deshalb ja die Höllenqualen,
Weil die Triebe weitermahlen;
Alfred drauf: Ich wurd betrogen,
Hätt die Hölle vorgezogen!